CAPITAINE DEVILLE

Breveté d'État-Major

PALMYRE

SOUVENIRS DE VOYAGE ET D'HISTOIRE

OUVRAGE ACCOMPAGNÉ DE GRAVURES

ET D'UNE CARTE DES ROUTES DE DAMAS A PALMYRE

PARIS

LIBRAIRIE PLON

E. PLON, NOURRIT et Cie, IMPRIMEURS-ÉDITEURS

RUE GARANCIÈRE, 10

1894

PALMYRE

PARIS. TYP. DE E. PLON, NOURRIT ET Cⁱᵉ, RUE GARANCIÈRE, 8.

PALMYRE

SOUVENIRS DE VOYAGE ET D'HISTOIRE

PAR LE

Capitaine DEVILLE

BREVETÉ D'ÉTAT-MAJOR

OUVRAGE ACCOMPAGNÉ DE GRAVURES

Et d'une carte des routes de Damas à Palmyre

PARIS

LIBRAIRIE PLON

E. PLON, NOURRIT ET Cᵉ, IMPRIMEURS-ÉDITEURS

RUE GARANCIÈRE, 10

1894

Tous droits réservés

A mes compagnons de voyage (1).

MES CHERS AMIS,

Vous souvenez-vous de notre *fuite* de Palmyre, par cette belle nuit de mars, éclairée par la plus resplendissante des lunes d'Orient?... Pour moi, c'est hier... c'est aujourd'hui. Ces grands fantômes blancs, immobiles sous leur manteau éclatant comme la neige, l'immense nappe argentée sur laquelle ils se dressaient, semblables aux débris dédaignés de quelque gigantesque festin, je les vois, je les touche.

Ce que je me rappelle mieux encore, c'est Vous, convives du même banquet, qui m'avez

(1) MM. Armand de Ginoux.
      Ludovic de Contenson.
      le comte Pierre de Nattes.
      le comte Hélie de Durfort.

laissé boire, à votre coupe, ce que nos émotions et nos sentiments eurent de meilleur et de plus délicat.

Je le dis de suite. Quand la très sincère affection que je vous porte et que vous me rendez avec une si large usure serait l'unique fruit de mes courses dans les déserts de Syrie, je devrais m'estimer heureux et remercier la Providence de m'avoir placé sur votre route. Avez-vous oublié dans quelles circonstances nous nous sommes rencontrés?... Au carrefour un peu bruyant des chemins d'Afrique et d'Asie, dans l'élégante et hospitalière maison du Consulat général de France au Caire, à l'ombre de laquelle nous nous reposions ensemble, un jour, par hasard...

Depuis le retour, que de fois ma *folle du logis* s'est enfuie à tire-d'aile vers nos ruines! Que de fois elle tourne et retourne encore autour de ces temples et de ces tombeaux!

Semblable aux Mânes des anciens qui erraient aux Champs Élysées pour retrouver les âmes de leurs parents et de leurs amis, mon esprit va là-bas chercher le vôtre... qui doit bien y vagabonder quelquefois!...

J'en suis toujours resté à notre dernier entretien, près de la grande colonnade.

Il est deux heures du matin... Les *moukres* démontent les tentes, leurs marteaux frappent les piquets de ce bruit sec, avec cette matité particulière aux ondulations sonores pendant les nuits calmes.

Tout entiers à la majestueuse sérénité de cette nuit merveilleuse, nous attendons, assis sur les restes des palais d'Odenath et de Zénobie, échangeant nos observations, reprenant les discussions de la veille, rappelant les souvenirs des générations qui occupaient notre place il y a seize ou dix-huit siècles, laissant, enfin, notre esprit obéir à la loi des antithèses et des rapprochements.

Vous ne me contredirez pas si j'affirme que, depuis huit jours, nous avions appris bien des choses. Une capitale avait surgi dans le désert comme le palais *truqué* d'une féerie.. Elle était en ruine, hélas! mais les échos de ses monuments et de ses temples abandonnés en disaient long...

Les origines fabuleuses de cette vieille cité, son extraordinaire développement, cette tragédie commencée par l'apothéose d'un *cheik* nomade et terminée par la chute de la plus civilisée des reines,... tout cela nous avait entraînés bien loin. Pour saisir les caractères des personnages, ne fallait-il pas les replacer dans leur milieu? De là ces échappées à travers des siècles oubliés, presque ignorés, ces coups de sonde obligés dans la religion, la philosophie, l'art et les sciences militaires de la décadence romaine...

Tout ce passé, sinon glorieux, du moins bien humain, nous l'avons à peine effleuré. Nous n'en connaissons tout au plus que des bribes imparfaites, nous en avons seulement cousu quelques pièces et mal joint plusieurs morceaux! Cela suffit cependant à donner un intérêt vivant et palpable à ce qui était tout à l'heure, pour nous, mort et intangible. A grand'peine, nous avons reconstruit les édifices et repeuplé les colonnades. Mais les caractères araméens ou koufflhiques des inscriptions ne sont plus des hiéroglyphes et le sphinx palmyrénien a dit quelque chose de son secret.

On ne remue pas tout cela sans émotion, au moins intellectuelle, et sans profit.

« Quel dommage, disions-nous, de n'avoir pas le loisir d'écrire, c'est-à-dire de *fixer* les

multiples impressions de ces derniers jours!
Quel fruit on retirerait de toutes ces notes
confuses, prises hâtivement, sans suite, sans
ordre, si on pouvait en extraire la moelle,
patiemment et méthodiquement! »

Je vous rappelais cette parole d'un homme
à qui je dois une grande partie de mon instruction militaire : « Pour réfléchir, il faut écrire :
« les méditations *en l'air* sont le plus souvent
« sans résultat parce qu'elles manquent de for-
« mule ou d'expression. »

Notre conversation en resta là. Il fallut
monter à cheval et partir.

Nous avions dit adieu aux ruines de Palmyre,
mais non pas aux souvenirs qui s'y rattachaient.

Qui de vous, de retour en France, n'a pas
cherché, dans les trop rares documents qui
traitent de l'ancien empire des Odenath, à
s'éclairer sur leur histoire mystérieuse?

Ce cahier de notes maculé, froissé, qui
errait quelque part sur une table, vous l'avez
alors repris et relu. Souvent vous avez dû sourire de vos impressions écloses sous la fraîcheur de la première synthèse, encore vierges
de toute appréciation impersonnelle. N'avez-

vous pas été surpris, comme bien d'autres, de ne plus voir, ni penser aujourd'hui, comme vous avez vu et pensé hier? Est-ce donc que votre œil ou votre organisme cérébral se seraient modifiés? Nullement. Mais le *monde,* c'est-à-dire ceux qui vous entourent, vos occupations, les mille nécessités de la vie qui absorbent le jugement et la réflexion, ont coulé sur vous une tunique de Nessus dont le désert et la solitude vous avaient peu à peu débarrassés.

Croyez-le, il y a souvent le meilleur de vous-mêmes dans ces pauvres notes de voyage.

J'ai fait comme vous. Un beau jour, ou plutôt un soir de pluie, j'ai pris mes notes, j'ai rappelé mes souvenirs, j'ai ajouté les uns au bout des autres, sans beaucoup d'ordre, *au fil de la pensée,* pour ainsi dire, en cherchant à reproduire le tableau, et devant ce tableau, les réflexions de la galerie, les vôtres, les miennes et même celles des livres que nous aimions à consulter et à lire...

Vous retrouverez là, confondus et souvent étonnés de se rencontrer, des philosophes, des guerriers, des penseurs, César, Napoléon,

Mahomet, Origène, Plotin, Porphyre... et tous nos *amis*, Volney, Joseph de Maistre, le vicomte Melchior de Vogüé... que sais-je? C'est qu'en effet nous avons parlé un peu de tout, de la Bible, de l'Évangile, du Coran, du néo-platonisme, de l'art militaire, de l'architecture et de bien d'autres choses encore...

Partout où nous avons pensé qu'il y aurait quelque épi à recueillir, nous avons glané... Pourra-t-on nous reprocher d'avoir usé de la permission que l'épouse d'Élimélech donnait à Ruth, sa belle-fille? « Si vous l'agréez », dit un jour cette dernière à Noémi, « j'irai dans « quelque champ, et je ramasserai les épis qui « seront échappés aux moissonneurs partout « où je trouverai quelque père de famille qui « me témoignera de la bonté. » — Noémi lui répondit : « Allez, ma fille. »

Çà et là, j'ai recueilli les souvenirs historiques qui m'ont paru intéressants à rapprocher de nos ruines. Est-il utile de vous dire que je les ai rappelés sans avoir la prétention de prendre part au tournoi archéologique où s'exerce aujourd'hui, sur les moindres faits du passé, la sagacité de tant de savants et d'érudits?

Des réflexions échangées dans nos longues

chevauchées en Palmyrène, il y avait bien quelques conclusions à tirer. J'ai osé le faire, en essayant toutefois de justifier ma manière de voir et mes appréciations.

Je puis craindre que mes déductions aient souvent manqué de logique ou de profondeur, mais ce dont je puis me porter garant, c'est de leur sincérité. Cette responsabilité-là n'est pas lourde à porter, j'en conviens : il n'y a aucun mérite à dire ou à écrire ce que l'on croit vrai. Il y en a peut-être plus à ne pas tomber dans la faute trop naturelle que le Sage formule sobrement, avec ce laconisme à l'emporte-pièce qui lui est propre : « Chacun se complaît dans le sentiment qu'il a émis. » Je trouve prudent de m'en excuser d'avance.

Enfin, mes chers amis, si imparfaits que soient ces *Souvenirs*, je me hâte de vous les offrir, à Vous qui en êtes la meilleure part.

Janvier 1894.

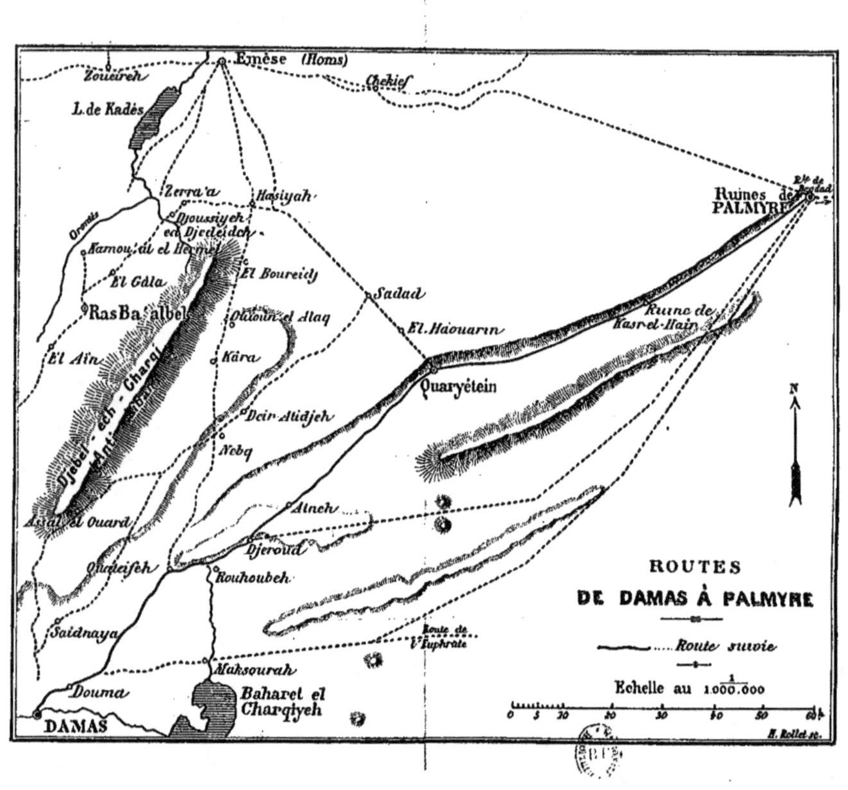

Emèse (Homs)
Zoueireh
Chekief
L. de Kadès
Ruines de PALMYRE
Bq. de Bagdad
Zerra'a
Hasiyah
Djoussiyeh ed Djedeideh
Orontes
Kamou'at el Hermel
El Boureidj
Sadad
El Gâla
Ruine de Kasr-el-Hair
RasBa'albek
Ouioun el Atiq
El Haouarin
El Aïn
Kâra
Djebel-ech-Charqi
Anti-Liban
Quaryètein
Deir Atidjeh
Nebq
Assal el Ouard
Aïnch
Djeroud
Quateifeh
Rouhoubeh
Saidnaya
Route de l'Euphrate
Maksourah
Douma
Baharet el Charqiyeh
DAMAS
N
ROUTES
DE DAMAS À PALMYRE
Route suivie
Echelle au 1.000.000
0   5   10   20   30   40   50   60 k.
H. Rollet sc.

PALMYRE

PREMIÈRE PARTIE

DE DAMAS A PALMYRE

I

LA CARAVANE.

Damas, 12 mars.

Palmyre!... un vrai nom de contes de fées!...
Je vois bien là, sur la carte, très loin, vers
l'Euphrate, un point... Palmyre, Tadmor...
jeté au hasard pour marquer quelque halte de
caravane. Rappelle-t-il autre chose? Attendez...
Il y eut une reine de Palmyre, célèbre par ses
infortunes... Quel poète l'a chantée? Palmyre
fut donc une capitale?... Il y a plus d'un siècle,
Volney la visita, y trouva des ruines et bâtit

à l'ombre de ses palais tout un système phi
losophique. De celui-ci nous parlerons peu. Volney est plutôt un rêveur qu'un philosophe.

Où vont aboutir, en effet, ces « longues méditations », cette « mélancolie profonde » en présence des colonnades et des temples en ruine?...
Au *Catéchisme du citoyen français!*...

Néanmoins, Volney décrit exactement. Quand
il veut bien laisser le style ampoulé du rhéteur
à la recherche de l'inspiration, et se contenter
d'exprimer simplement ce qu'il voit, il est précis,
vrai et intéressant. Rendons-lui justice... Mais
qui lit Volney aujourd'hui? C'est cependant en
feuilletant son livre, en jetant les yeux sur le
« Dessin de la perspective de Palmyre », joint aux
« RUINES », que l'envie nous prit d'aller demander à la « Reine du désert » les émotions
de la trop courte vision de Baalbeck.

J'ai le grand bonheur d'avoir quatre aimables
compagnons de route :

Armand de Ginoux, que nous appelons le docteur, *el hakim,* peut-être à cause de son grand
chapeau gris et de ses lunettes bleues, mais
surtout parce que toute caravane européenne
doit avoir avec elle un *hakim.* Qu'il le veuille

ou non, l'Européen, ici, est un médecin; l'Arabe, le Turc, viennent souvent lui demauder une panacée. Son prestige souffrirait de ne pas avoir un remède à leur disposition; le nôtre sera sauvegardé, car notre ami Ginoux, de par sa longue expérience des voyages, possède une quantité de petites recettes pratiques. Son titre éphémère est parfaitement justifié.

Ludovic de Contenson, officier d'état-major. — Contenson cache, sous une apparence froide, un réel enthousiasme des choses de l'Orient. Il a la religion du passé et un vrai sentiment archéologique. Doué d'une rare vigueur physique, il est énergique et persévérant. C'est le trésorier-payeur de notre caravane. Dans un pays où la monnaie en cours change à chaque instant, c'est une charge délicate dont il n'est que trop juste de lui savoir gré.

Le comte Pierre de Nattes, plein d'entrain, toujours prêt à se dépenser et possédant, à un degré peu commun, le sens de l'observation. Le soir, malgré des marches souvent très pénibles, il aura le courage d'écrire soigneusement ses moindres impressions. La Syrie est pour lui pleine de souvenirs; son père a fait partie, en 1860, de l'expédition qui a laissé des traces si profondes dans ce pays : on devine son émotion à retrouver les noms des provinces et des villes d'Orient dont son enfance a été bercée.

Enfin, le comte Hélie de Durfort, qui représente l'élément jeune et gai. D'une nature franche et expansive, toujours content et jouissant à saturation de l'air et du beau ciel, il fait vraiment plaisir à voir. De plus, Durfort a pris de l'Orient l'amour du soleil et du repos. Nous nous rappellerons longtemps cette silhouette nonchalante se balançant sur un cheval gris (1)...

Un hasard providentiel nous a réunis au Caire, il y a un mois à peine, et nous sommes déjà de vieilles connaissances; d'ailleurs, les vieilles connaissances méritent-elles leur réputation?... J'ai constaté qu'on était généralement assez injuste pour les amitiés de date récente. Elles ont cependant leur prix : toujours promptes, toujours en éveil, elles ne demandent qu'à rendre des services pour se faire mieux apprécier, et elles gagnent peut-être en activité ce qu'elles perdent en âge!... Qui s'en plaindrait?

Dans notre petite association, tout le monde

(1) Le comte de Durfort était notre photographe : nous lui devons plusieurs des photographies jointes à l'ouvrage.

LE CHEIK MANSOUR

a son rôle défini, chacun s'en acquitte avec conscience; il y a harmonie parfaite entre nos sentiments, nos idées et nos goûts. Il y a harmonie,
je ne dis pas uniformité, car, malgré l'unité
de notre manière de voir, l'esprit de chacun
s'exerce *naturellement*, c'est-à-dire suivant son
tour personnel. Et de toutes nos conversations
sans suite, à bâtons rompus, souvent confuses,
se dégagera peu à peu le jugement vrai et indépendant sur les hommes et les choses.

Il est entendu que nous ne voyageons pas en
grands seigneurs. Tout au contraire, notre intention est d'être aussi modestes, aussi simples que
possible. Pour faire en quatre jours la route de
Damas à Palmyre (deux cent trente à deux cent
cinquante kilomètres), l'important est de s'allé-
ger. Nous cinq, le cheik Mansour, le drogman
Kaouam, cinq moukres (1) ou domestiques, un
cuisinier, sept chevaux de selle, quatre mulets,
trois ânes et deux chevaux de bât : voilà toute
notre caravane. En route, nous y adjoindrons
deux chameaux pour porter l'eau qui fait complètement défaut après Quaryéteyn. Notre installation sera sommaire : trois tentes, dont une

(1) Du mot arabe *moukâri*

pour la cuisine, quelques tapis, de la vaisselle en étain et des lits de camp.

— Hommes de peu, dirait Cook!

Si sommaire qu'elle soit, notre organisation ne s'achève pas sans difficulté, grâce à la nature fuyante, cauteleuse, presque insaisissable des indigènes. *Rarum est ut Syri fidem servent*, disaient les anciens.

Le Syrien ne répond jamais franchement à la question posée : qu'il en convienne ou non, sa pensée de derrière la tête est de rouler l'Européen, qu'il craint, d'ailleurs, et entoure, à l'occasion, de tous les signes possibles du respect; avec cela, peu habitué aux choses positives, c'est-à-dire indolent, apathique, trouvant plus commode de laisser faire que d'agir. Bref, c'est un « Oriental » dans toute l'acception du mot. Ajoutons que son intelligence et son esprit d'assimilation nous ont paru remarquables. Mais qu'on ne s'y trompe pas, il porte tous les signes des races opprimées, on retrouve chez lui, avec de légères nuances, la marque ordinaire des peuples longtemps asservis (1).

(1) Ces observations portent principalement sur les Syriens de condition inférieure que leurs professions mettent en contact avec les étrangers. Inutile de dire que l'instruction et le frotte-

La soumission passagère, acceptée avec dignité, peut donner au caractère de l'homme une certaine trempe et la souplesse nécessaire pour lui apprendre à souffrir; à la longue, le métal qu'on repasse sans cesse au laminoir s'aplatit et s'use : la servitude indéfinie change la souplesse en servilité; elle rend passif, rusé, paresseux, souvent menteur. « *Chami, choumi*, Damasquin, coquin », dit un proverbe turc.

Que de discussions, grand Dieu, que de palabres interminables avant d'aboutir à une solution nette, positive! Elle restera longtemps dans nos souvenirs, cette petite salle si pittoresquement orientale, attenant au grand hall de l'hôtel Victoria, où se tenaient tous nos conciliabules, entre le piano à queue, vieux débris de Pleyel, tout étonné de se voir échoué près du Barrada, et les petites tables basses entassées, pêle-mêle, dans tous les coins, sur lesquelles on a placé une étiquette française : *A vendre!* Aidés dans toutes les mesures de détail par le consul de France, M. Guillois, homme fort aimable, très instruit, dont on ne saurait trop louer l'empres-

ment font réapparaître les qualités vitales de la race : nous avons rencontré à Beyrouth et à Damas, dans les classes supérieures, des hommes très distingués.

sement à rendre service, nous traitons avec un jeune homme de vingt-cinq ans, blond, à la figure avenante et ouverte, qui répond au nom de Kaouam. Le drogman Kaouam parle très suffisamment le français.

Nous devons traverser le désert de Syrie, c'est-à-dire une propriété de vrais Bédouins. Le drogman ne suffit pas, il faut encore choisir un protecteur parmi les Arabes de la tribu des Anazeh. Kaouam nous présente le cheik Mansour, un beau type de sémite que nous avions déjà croisé dans les bazars de Damas. Cette figure bronzée, délicate, encadrée dans une kouffieh (1) blanche, animée par des yeux vifs, plaît de suite. Mansour est le neveu de ce fameux Midjoël ou Mighel de la taïfeh des Es-Saba (tribu des Anazeh), qui avait épousé une Anglaise, lady Digby.

Lady Digby est morte depuis plusieurs années déjà. Les habitants de Damas conserveront longtemps le souvenir de ses excentricités. L'histoire de son mariage, en particulier, est assez amusante.

(1) Étoffe blanche ou multicolore qui sert de coiffure aux Bédouins; elle est retenue sur la tête par une corde en poils de chameau.

En 1860, M. de Ségur (1), faisant le voyage de Palmyre, eut ce Mighel pour guide : « Ce chef », dit-il, « s'est fait une renommée jusqu'en « Europe, non par ses exploits, mais par son « mariage. Dernièrement, il plut à une dame de « haut rang, déjà célèbre par ses aventures. « Voyageant dans le désert de Syrie, elle .eut « pour guide cet Arabe, nommé Mighel ; s'en « éprendre et l'épouser fut l'affaire d'un instant. « L'Arabe refusa pendant six mois, reculant « devant cette idée : épouser une chrétienne ! « Enfin, poursuivi à outrance et tenté par vingt- « cinq mille livres de rente, fortune immense « pour un Bédouin, il fit ce que Henri IV aurait « appelé le saut périlleux, il accepta ; mais, « comme dans tous les romans bien conduits, « l'aventure, près de sa fin, fut prolongée par un « incident. Le consul d'Angleterre mit opposi « tion au mariage de Mme ***. Elle fuit au désert « avec son fiancé ; là, ils prennent douze pierres, « les rangent en forme de croissant devant le « cheik de la tribu, qui prononce l'union au « nom de Mahomet, et les voilà bien et dûment « mariés. Depuis ce temps ils vivent à Damas.

(1) Lire, dans la *Revue des Deux Mondes*, t. XXXIII, 1861, relation intitulée : *Une caravane en Syrie.*

« Mᵐᵉ *** a retiré son mari du désert, où il ne se
« rend plus que pour combattre des ennemis ou
« pour mener à Palmyre des étrangers de dis-
« tinction. »

Son neveu suit les traditions de sa famille : il
protège les caravanes. Il a juré de nous ramener
sains et saufs à Damas : « J'en fais le serment »,
dit-il au consul de France en levant solennelle-
ment la main. Puis, après une pause : « Si
Allah le veut! » — « Il faut d'abord que *tu le
veuilles* », reprit le consul. — « Vous pouvez
partir en toute sécurité », ajouta ce dernier en
se tournant vers nous, « Mansour vaut mieux
que cinquante soldats turcs! »

C'est aujourd'hui jour de marché à Damas.
Tout en *palabrant,* nous ne perdons rien de ce
qui se passe sur la place, sous les fenêtres de l'hôtel. Rien n'est plus pittoresque, plus gai, plus cha-
toyant que le va-et-vient de cette foule multicolore. Tout l'Orient est là, depuis l'Arabe, majes-
tueusement enveloppé dans son *abbaïl,* jusqu'au
Tcherkess, en culotte et bottes, avec sa longue
tunique serrée à la taille, son haut bonnet persan
et sa cartouchière étalée fièrement sur sa poitrine;
depuis la jeune Turque voilée, habillée d'une robe

bigarrée à rayures jaunes et noires, jusqu'à la Juive qui ressemble, sous son vêtement blanc, à une première communiante. Tout cela reluit sous un magnifique soleil, par un temps superbe, qui donne à ce peuple de la gaieté au cœur, premier éveil du printemps, joyeux sourire de cette verte oasis, le « Paradis du monde » ! La vie circule dans les veines de cette foule comme elle fait craquer les bourgeons des grands arbres qui ombragent les rives du Barrada. Chacun se pousse, se presse, parle, crie, j'ignore dans quel but, car je ne vois sur la place que quelques rares marchands ambulants dont les inflexions de voix, ressemblant à celles des marchands des quatre saisons, dominent le bourdonnement monotone de la foule.

Cet ensemble a un caractère exotique bien particulier. Ce n'est pas le « mélange des nations » du pont de Galata de Constantinople, ni le contraste piquant du Mouski, au Caire ; le marché de Damas offre, sinon plus d'unité, du moins plus de cachet oriental et partant, peut-être, plus d'intérêt que les autres agglomérations musulmanes.

Vers trois heures du soir, cette foule s'écarte de l'hôtel et se porte dans la direction de la rive droite du Barrada. Nous entendons le son clair d'une fanfare militaire : un régiment de cavalerie débouche sur la place, précédé de sa musique. Quel charme étrange dans cette mélopée traînante, mélancolique, qui ressemble plutôt à une fanfare de cors de chasse qu'à une musique de guerre! Ces cavaliers sont remarquablement montés sur des chevaux de race syrienne, élégants, nerveux, de robe uniforme dans chaque escadron. Vus de loin, au pas, en colonne par quatre, ils ont bonne tournure... peut-être ne faudrait-il pas les regarder de trop près!

Puis viennent, en assez bon ordre, un régiment d'infanterie et l'École militaire, composée, au moins pour les deux tiers, de jeunes adolescents de treize à quinze ans qui la font terriblement ressembler à nos bataillons scolaires, de grotesque mémoire... Renseignements pris, il paraît que ces « forces militaires » se rendent à la revue passée par le nouveau général commandant le corps d'armée, qui fait aujourd'hui son entrée dans le chef-lieu de son commandement. Signe particulier : les généraux sont en voiture.

Ce n'est pas la première fois que nous voyons l'armée turque. Le *selamlick* nous avait permis, à Constantinople, une opinion d'ensemble ou plutôt de première vue. On aurait tort de déduire de ce coup d'œil sommaire les défauts ou les qualités d'une armée qui fait de sérieux efforts pour suivre, au moins de loin, les transformations des armées européennes. « Le vendredi, jour du *selamlick* », dit Kesnin-Bey, « le soldat revêt sa plus belle tenue pour aller faire escorte au souverain ; aussi tous les uniformes sont irréprochables, et les régiments présentent un beau coup d'œil. Citons notamment le fameux régiment nègre, qui porte la veste et le pantalon de nos zouaves avec le turban de nos turcos ; malheureusement, comme tout dégénère, la plupart des nègres ne sont plus que des blancs basanés, c'est un régiment déteint ; mais les sapeurs, qui marchent en tête, avec leurs grands tabliers de cuir noir, semblent des statues de bronze. Les étendards de soie, richement brodés d'argent, étincellent au-dessus des baïonnettes, tandis que la cavalerie, coiffée du kalpak en astrakan, caracole au son des trompettes (1). »

L'impression est toute différente si on étudie

---

(1) *Le Mal d'Orient*, par Kesnin-Bey. Paris. Cette étude est à lire en entier. Peu d'ouvrages donnent une idée plus nette de la situation actuelle de l'Empire ottoman.

l'armée turque sous une autre face : l'aspect de ces soldats à la tunique étriquée, aux pantalons trop courts, abominablement défraîchis, n'est pas fait pour en donner une haute idée. Et cependant, paraît-il, d'immenses progrès ont été réalisés depuis que le sultan a confié à la mission von der Goltz le soin de réformer son armée. Le général prussien ou ses successeurs ont beaucoup à faire. L'avenir nous apprendra s'ils sont dans la bonne voie en voulant, coûte que coûte, germaniser le soldat turc.

Pour le moment, regardez ce régiment qui essaye de marcher à l'allemande : rien n'est amusant comme de voir ces fantassins cadencer le pas suivant la méthode de nos voisins d'outre-Rhin. Il n'y a aucun ensemble, et tous ces efforts comiques n'aboutissent qu'à une raideur assez ridicule.

De l'avis des gens compétents qui ont passé de longues années en Turquie, le soldat turc, si ignorant qu'il soit, est un soldat excellent, stimulé par un désir sincère d'apprendre son métier et doué d'une endurance extraordinaire qui trouve sa source dans le fanatisme religieux; mais, de l'avis de tous également, le commandement est parfaitement insuffisant, et dans beaucoup de régiments il est nul. L'officier turc, mal payé (1), paresseux, ne songe qu'au repos. C'est là, comme le fait très judicieusement remarquer Kesnin-Bey, le secret de la faiblesse des troupes turques, aujourd'hui que les armées valent surtout par la capacité des états-majors et des officiers.

Tous nos préparatifs sont terminés. Cependant, vers le soir, notre ami de Nattes, chargé de l'importante question des moyens de transport, nous arrive désolé : les chevaux, dit-il, semblent incapables de faire une route de cinq cents kilomètres ; ils ont des silhouettes invraisemblables, apocalyptiques ; de plus, ils sont blessés en maints endroits, notamment sur le dos ; bref, il est impossible d'entreprendre le voyage dans ces conditions.

Il fallait voir, pendant ce colloque, la figure du propriétaire des chevaux, un certain Aboumassa-Chagouri ! Tout ce qu'il pouvait exprimer de dédain, de mépris arrogant pour ces Européens méticuleux, ignares, passait dans ses yeux : sa bouche se contractait dans un sourire d'une

(1) Le lieutenant reçoit en Turquie 50 francs par mois, et le capitaine 80 francs, avec quelques effets d'habillement

ironie profonde, sa tête se penchait pour marquer l'amère pitié que nous lui inspirions. Ah! s'il avait pu parler français, ou si nous avions compris l'arabe (1)!

(1) Ces chevaux nous menèrent non seulement à Palmyre, mais encore à Jérusalem, en se reposant à peine quarante-huit heures à Damas. Ils firent donc neuf cents kilomètres en vingt jours, soit une moyenne de quarante-cinq kilomètres par jour. Par cette température exceptionnellement chaude, avec une nourriture des plus sommaires qui ne dépendait que trop, hélas! de la paresse et de la négligence des moukres, c'est un résultat tout à fait extraordinaire et qui accuse une force de résistance peu commune. Cette fois, notre expérience européenne fut mise en défaut. Nous devions nous expliquer plus tard le sourire méprisant d'Aboumassa-Chagouri!...

II

DE DAMAS A DJÉROUD.

Djéroud, 13 mars

Nous sommes debout de bonne heure ! Le temps est magnifique. La journée s'annonce chaude, mais elle sera superbe. Le *muezzin*, d'une voix trainante, appelle déjà les fidèles à la prière. *La ilah illa Allah...*

D'une fenêtre un peu élevée de l'hôtel, nos regards se promènent sur la ville toute blanche, aux toits plats, qui va tressaillir aux premiers rayons du soleil et aux premiers chants du *muezzin : La ilah illa Allah...* Quelle poésie profonde et pénétrante ! C'est la vie, mais la vie dans le repos. Des reflets de lumière dorent le sommet du Djebel-Quasioûn et le village de l'Es-Salahyet. L'oasis se réveille doucement, caressée par une brise très légère qui vient du désert. La ville, toute mystérieuse, se recueille encore.

Vers le midi, le faubourg El-Meïdan s'allonge « en poignée de hache », comme dit le poète arabe, au milieu de la Ghouta, aux massifs déjà teintés de vert, et des arbres en fleur. On devine, la route que prendront, dans quelques jours, les caravanes de la Mecque. Vers l'est, ces lignes lointaines de l'horizon, c'est le désert de Palmyre !...

Pour la troisième fois, le muezzin de la grande mosquée, du haut de son minaret couleur d'ivoire, qui se détache crûment sur le bleu sombre du ciel, répète : *La ilah illa Allah !...*

En même temps, une petite cloche timide, lointaine, tinte doucement : quelque monastère qui se réveille ou qui appelle à un office matinal. Écoutez-la !... et laissez-vous aller au charme qui se dégage de cette scène presque muette. Laissez votre imagination s'imprégner de cette poésie spéciale au souvenir chrétien, votre esprit s'ouvrir peu à peu à l'influence troublante des antithèses religieuses, et je vous promets, sous l'impression de ce décor, qui ne sera jamais banal, un rêve délicieux...

Brusquement, le muezzin de Médinet-Yça, se tournant de notre côté et plaçant ses mains autour de sa bouche en forme de porte-voix, se pencha sur la balustrade de son minaret et cria, pour la quatrième fois, d'une voix étonnamment claire et perçante, sur le ton inoubliable de la mélopée turque : *La ilah illa Allah, we Mohammed reçoul Allah !*

Ce cri étouffa la cloche... qui se tut. Pour le moment, la voix de Mahomet domine ici la voix de saint Paul : le cri du muezzin remplace le tintement de la cloche chrétienne, et le soleil se lève aujourd'hui sur les minarets musulmans comme il a autrefois illuminé les clochers chrétiens. Combien de temps le muezzin se balancera-t-il sur le balcon de Médinet-Yça? Quel sort est réservé au croissant de la coupole qui surplombe la grande mosquée? Je ne sais ; mais la question se pose au voyageur le moins attentif.

Peut-on croire à la vitalité d'une doctrine qui étreint, comme dans un étau, le cerveau et le cœur? Il s'agit de savoir si l'effort et le travail céderont le pas à l'inertie morale et à l'oisiveté. Que dit ce muezzin? Il invite les croyants à une contemplation toute spéculative, sans but, dont le dernier mot est le fatalisme, c'est-à-dire le contraire de l'action. La cloche, elle, nous apprend tout autre chose, elle enseigne la charité et la victoire sur les passions : les deux

formes les plus élevées de l'activité humaine...
Mais trêve de rêveries, l'heure s'avance!

C'est à la demeure de Kaouam, dans une petite rue étroite, obscure, que se réunissent les divers éléments de notre caravane.

Après un rassemblement pénible, la petite « colonne » se met en route.

Mansour nous précède, bien campé sur un joli cheval gris dont la croupe disparaît sous de grandes sacoches entourées de franges et de glands multicolores tombant jusqu'à terre : dans ces sacs, appelés *aidés*, le Bédouin a toute sa nourriture et ses effets de voyage, c'est-à-dire quelques dattes, du café et un narghileh.

Il mange d'ailleurs extrêmement peu et se contente de croquer, tout en marchant, quelques mauvaises dattes très sèches. Une énorme lance, arme préférée de sa tribu, se balance en mesure sur son épaule; il la manie avec une dextérité surprenante. Quand nous aurons atteint le grand désert, après Quaryétein, et qu'il se sentira tout à fait chez lui, libre de toute contrainte et maître de l'espace, nous le verrons se livrer à des galopades insensées. Jouant d'une main avec sa lance qu'il fait tournoyer au-dessus de sa tête, et de l'autre dirigeant son cheval sans bride à l'aide d'un bâton, il partira ventre à terre, droit devant lui, comme un fou, sans but, sans autre raison que l'envie de se détendre.

Que de fois nous nous sommes provoqués l'un et l'autre en combat singulier! et quel sauvage plaisir je prenais, debout sur mes étriers, l'*abbaïl* et la *kouffieh* au vent, à lutter de vitesse avec lui! Parfois je feignais d'ajuster Mansour avec mon revolver et je m'éloignais rapidement pour fuir sa vengeance. Le cheik, se dépouillant de son burnous, apparaissait vêtu d'un superbe vêtement bleu serré à la taille. Après un galop effréné et des voltes et des demi-voltes tracées presque sur place, il faisait mine de me transpercer de sa lance... Nous ne nous lassions pas de ces courses folles, qui donnaient au cheik le facile plaisir du triomphe et à nous l'incomparable volupté de la galopade dans l'espace sans fin!

C'est une promenade délicieuse, que la traversée de l'oasis, en quittant Damas par le Bàb-Touma. Ce ne sont que magnifiques plantations d'oliviers au milieu desquelles murmure une eau

limpide, et superbes vergers entourant des maisons de plaisance.

Le Barrada, que nous passons sur un pont de
pierre, est tout ombragé de saules pleureurs.
« Tourne-toi où tu voudras à Damas », dit une
poésie syrienne, « tu trouveras partout une eau
« courante et de l'ombre ! Heureux celui dont les
« jours s'écoulent dans cette contrée où souffle
« une brise embaumée ! Sa boisson du matin et du
« soir est toujours bonne, le lever et le coucher
« du soleil ne lui apportent aucun chagrin.
« Damas est le pays des houris, des perles et
« des paillettes d'or ! Je dis aux habitants de la
« vallée de Chamy : Que votre sort est digne
« d'envie, vous qui habitez des jardins comme
« ceux de l'Éternité ! Donnez-nous un peu de
« votre eau : nous avons soif, et vous êtes à la
« source ! »

Des villages importants, Douma, Adhra, s'é-
grènent dans l'oasis ; nous rencontrons de longues
files de chameaux portant de lourdes charges,
marchant paisiblement, lentement, dignement,
sans penser à rien, comme il convient aux serviteurs des habitants de ce pays. Puis les bouquets
d'arbres deviennent sensiblement plus rares.
Le Djebel-Tynich, dont les lignes rocailleuses

bornent l'horizon, nous fait pressentir l'aridité du pays situé au delà.

Au sommet du Djebel-Tynich, nous nous retournons pour voir, une dernière fois, avant d'entrer dans les campagnes désolées qui nous attendent, la plaine de Damas... Coup d'œil magique! Les minarets, les coupoles, les toits blancs piquent de points éclatants le tapis déjà vert de l'oasis; une ligne de hauteurs ferme l'horizon à l'ouest, servant de cadre à ce ravissant tableau, qui rappelle la chanson orientale : « Damas est comme une étoile et un diamant qui « brillent sur le front de l'univers! »

Nous cheminons maintenant dans un large ouady bordé de hauteurs absolument dénudées. Toutefois ce n'est pas le vrai désert : on trouve par places quelques rudiments de culture; les moutons noirs et les chèvres broutent silencieusement de rares herbes.

Dans le lointain, quelques villages aux maisons grises essayent de donner un peu de vie à ce paysage monotone : Mou'Addamieh, Rouheibeh, Kateifeh, près des collines qui prolongent le Djebel-Tinich au sud, Djeroud et Atneh au nord-est. Ils se ressemblent tous, ces villages, avec leurs maisons de boue, leurs toits carrés et leurs lits de torrents desséchés qui servent de rues.

A cette heure de la journée, tout le monde est dehors. Les hommes sont assis à l'arabe, au milieu de la rue, et fument en causant, tranquillement, par groupes. Les vieillards, coiffés de larges turbans multicolores, ont des figures patriarcales, dignes d'inspirer un Rembrandt d'Orient. Ils ont l'attitude digne, presque noble, des personnages bibliques... Ils se lèvent à notre passage et s'inclinent en nous saluant : *Marhâba* (1), disent-ils avec un accent guttural prononcé. Nous répétons de notre mieux, sans rire, comme de vieux Arabes : *Marhâba*.

Les enfants, vêtus de vestes courtes à broderies, jouent entre eux. Les femmes, non voilées, marchent gravement, la main droite soutenant une énorme cruche d'eau qu'elles portent sur la tête, la main gauche appuyée à la hanche.

Elles avancent lentement, évitant de déranger les groupes de fumeurs. On pourrait les comparer à des cariatides vivantes. Ce rapprochement serait juste, sinon nouveau. Rappelons-nous le temple d'Erechtéion, à Athènes : le sculpteur grec a su fixer là une des plus séduisantes appa-

____

(1) Bonjour.

ritions de l'Orient; c'est aussi une des plus vraies. Ici l'Art n'a pas eu d'efforts à faire pour idéaliser la Nature.

Ce tableau mène l'esprit vers d'autres réflexions, point nouvelles, non plus, mais trop actuelles, là-bas, pour ne pas attirer l'attention.

En voyant tous ces pachas au petit pied rangés en cercle, assis nonchalamment sur leurs talons, daignant à peine regarder les malheureuses qui portent des fardeaux de bêtes de somme, on se demande quelle idée ils se font de la femme, comment ils entendent l'amour conjugal, en quelle estime ils tiennent la mère de leurs enfants.

Le problème n'est pas sans intérêt.

Généralement, pour trouver la solution de ces graves questions, il faut remonter à une source religieuse. Ouvrons le Coran. Mahomet, sans beaucoup d'artifice, a tiré de l'Évangile une bonne partie de son indigeste compilation. Il y traite d'une infinité de choses, et il a négligé de définir un point capital : la situation *sociale* de la femme. Admettons que cette conception soit un peu trop neuve pour un esprit du septième siècle. Mais la place de la femme dans la famille, son rang, son rôle ne sont pas indiqués davan-

tage. J'aime bien, en pareille matière, à citer
Volney, qui vécut à une époque où l'islamisme
eut une certaine vogue scientifique, un peu,
comme de nos jours, le néobouddhisme : « Ce
« Mahomet », dit-il, « si passionné pour les
« femmes, ne leur a cependant pas fait l'hon-
« neur de les traiter dans son Coran comme une
« portion de l'espèce humaine. Il ne fait men-
« tion d'elles, ni pour les pratiques de la reli-
« gion, ni pour les récompenses de l'autre vie,
« et c'est une espèce de problème chez les mu-
« sulmans, si les femmes ont une âme (1). »

De fait, on peut dire que, dans l'Islam, la
femme est traitée comme une esclave. Entre les
habitudes de certaines contrées, entre les grandes
villes et les campagnes, par exemple, il peut
y avoir d'assez grandes différences dans l'application du principe, mais l'idée première est
la même partout. A Constantinople, la femme
ne fait rien : elle n'est, à peu de chose près,
qu'un instrument de plaisir. Dans les villages,
on l'oblige, par mesure d'économie, à se livrer
aux travaux pénibles : elle est, en outre, un
instrument de travail. Le chef de famille est un

____

(1) VOLNEY, *État politique de la Syrie*, ch. XIX.

véritable autocrate, revêtu d'un pouvoir législatif absolu qui se balance généralement entre
les deux termes précédents. Les conséquences
morales sont nombreuses : il n'est pas même
besoin de les effleurer, on les devine.

Mahomet devait avoir un motif sérieux pour
déconsidérer ainsi la femme. Il est muet là-dessus, mais ses intentions sont claires.

Le Prophète a voulu créer une religion de
guerriers, de conquérants, une religion où la
morale ne soit point embarrassée des *impedimenta* d'un formalisme compliqué; l'homme
seul a de la valeur, parce que seul il porte une
lance ou un sabre. Le reste n'est rien ou presque
rien. La femme, on la renverra donc aux fonctions purement physiques de sa nature, on la
reléguera au fond d'un harem, on la livrera aux
complots clandestins des eunuques, trop heureuse d'être honorée de temps en temps d'un
sourire ou d'une parure...

Avec cette façon de comprendre la famille, il
est surprenant que l'Orient musulman ait encore
l'apparence d'une certaine vitalité. La famille
fournit les éléments de la société : tant vaut
l'une, tant vaut l'autre. Le Turc et l'Arabe sont
deux races exceptionnellement vigoureuses : il

le faut pour que l'empire du sultan puisse encore résister à l'action dissolvante de sa législation.

Mais les Spartiates, eux aussi, étaient des guerriers! Aux réjouissances publiques qui accompagnaient les succès militaires, ils ne craignaient pas de mettre la mère au premier rang.

Et les Romains? Ils furent bien, je pense, un peuple de conquérants. On connait l'extrême sévérité de leurs lois vis-à-vis des femmes; ils avaient cependant fait de la *matrona* la souveraine du foyer domestique, et ils osèrent élever une statue à la mère des Gracques!

Ah! si Mahomet avait soupçonné l'emploi des Amazones!

Je me rappelle encore les réflexions de mon ami Contenson :

— Le mahométisme est passé de mode, disait-il; on ne lui fait même plus l'honneur de le discuter. Son fondateur s'est trompé sur la législation de la femme; il a perdu, de parti pris, des ressources énormes dont l'Évangile a su profiter. Soit. L'erreur est évidente, quoiqu'il faille tenir compte de l'influence de l'époque, de l'ascendant des milieux, du but à atteindre, etc. Au moins faut-il reconnaître les bons côtés d'une doctrine qui, à certaines époques, a pro-

duit d'excellents résultats. D'abord le monothéisme oriental : Mahomet a su abattre les
idoles qui peuplaient la Kaaba. Et puis, le sentiment très élevé de la dignité, la force morale,
l'indépendance de conscience qui rend inconnu
ce que nous appelons, en France, le *respect
humain*, tout cela est l'œuvre du Prophète.

Mahomet a fait mieux encore, il a donné
aux fidèles la pierre philosophale, après laquelle
nous courons tous : le bonheur! Regardez ces
hommes : ils sont heureux! Leur ambition est
modeste. Ils savent que le bonheur n'est pas
dans la lutte âpre, ardente, que nous autres,
hommes de l'Occident, nous livrons à tout et à
tous, à la nature comme à nous-mêmes. Le
struggle for life leur est inconnu.

A quoi pensent tous ces braves gens? A rien.
Tranquilles et insouciants du lendemain, vivant
au jour le jour, très sobres, dédaigneux des plaisirs de nos agglomérations européennes, igno-
rants de nos besoins, ils ne songent qu'à jouir
pleinement, sans arrière-pensée, de ce beau
ciel... Une femme, un peu de *tombeki*, du soleil,
voilà des gens heureux!

S'ils arrivent au bonheur, qu'importe une civilisation plus ou moins raffinée? Qu'importent

des machines plus savantes, une police organisée comme une armée, une administration dont les rouages hiérarchiques s'engrènent et jouent comme les pièces d'un mécanisme d'horloge? Que me fait à moi d'être *compliqué*, si je suis condamné au malheur, que ne connaissent ni l'homme primitif ni l'homme simple?

— *Distinguo.* Si vous entendez par bonheur l'anéantissement ou la léthargie des facultés, je m'incline devant la supériorité des Orientaux. Pour leur ressembler, il faudra s'appliquer à développer chez nos enfants cette aptitude toute spéciale au *far niente* qui apparaît chez l'homme en même temps que la vie; il faudra leur apprendre, non pas à vivre, mais à se laisser vivre. Ce sera plus facile et moins dispendieux : double avantage!

L'université d'El-Azhar, au Caire, est la première université musulmane du monde : l'appareil *professoral* est des plus simples; point de chaire, point de bancs, point de salles avec les mots prétentieux : *philosophie, littérature, droit,* etc., au-dessus des portes. Non, tout se passe généralement en plein air ou dans une mosquée ouverte au vent frais du nord. Les *imans,* assis sur leurs talons, professent gravement le Coran, et des jeunes gens, des enfants, rangés en cercle autour d'eux, se balancent en mesure en écoutant la leçon du maître.

Voilà qui n'est pas *compliqué.* Et ce qu'on y enseigne l'est moins encore : « De tous les « hommes », dit encore Volney, « qui ont osé « donner des lois aux peuples, nul n'a été plus « ignorant que Mahomet; de toutes les compo- « sitions absurdes de l'esprit humain, nulle n'est « plus misérable que son livre (1). » Je n'ai point eu le courage de lire le Coran jusqu'au bout, je l'avoue à ma honte, et je n'aurais jamais eu l'audace de le juger aussi sévèrement, mais on ne m'en voudra pas de partager une opinion autorisée.

La méthode de Mahomet est aussi simple que son but.

Mahomet a bien voulu régner, il n'a jamais cherché à éclairer et à instruire; il s'inquiétait peu d'avoir des disciples, il lui fallait des sujets. Pour lui, la règle de celui qui commande est le despotisme; la règle de celui qui obéit, le dévouement aveugle et absolu. Conséquence : annihi-

(1) VOLNEY, *État politique de la Syrie,* ch. XIV.

lation complète de la volonté, acceptation brutale du fait accompli, *fatalisme.* La doctrine
fataliste, il est vrai, n'est pas écrite expressément
dans le Coran, mais elle en découle naturellement, elle est imprimée en caractères ineffa-
çables dans tout cœur musulman. Et ce calme,
ce flegme extérieur et séduisant, ce mépris des
choses du monde, cette fausse philosophie qui
se traduit par un superbe *C'était écrit,* tout cela
est, en réalité, un égoïsme excessif. Voilà la force
morale du musulman.

Pour une faculté intelligente, le bonheur consiste à se développer, à s'exercer suivant l'ordre
qui lui est propre et d'après une loi dont l'évolution est invariable. Bonheur et activité sont
deux termes connexes, inséparablement liés l'un
à l'autre : ils n'en font qu'un. D'après une école
philosophique, l'école platonicienne probablement, l'être le plus parfaitement heureux n'est-il
pas *tout acte?*

Le mahométisme, dit-on, ne connaît pas le
respect humain. — Permettez. Vous avez bien
rencontré, à Paris, sur le boulevard, des Turcs et
des Arabes. Combien en avez-vous vu se mettre à
genoux à l'heure de la prière?

Doit-on juger le musulman par ses professions

de foi publiques? Non, car, dans l'esprit du fondateur de l'Islamisme, elles ne sont pas autre chose qu'un acte d'autorité, le témoignage d'une conquête,... et les démonstrations pieuses n'y sont qu'un accident.

D'ailleurs, le scepticisme ne commence-t-il pas à ronger le cœur des populations musulmanes?... Philosophiquement parlant...

« — Vous philosophez », nous dit le docteur, « et vous ne voyez pas cet admirable coucher « de soleil... »

III

LE SCHÔL.

Quaryétein, 14 mars.

Le premier soin du voyageur qui entreprend le voyage d'Orient doit être de faire une ample provision de patience.

Jugez-en.

Il était convenu que nous pousserions ce soir jusqu'à Quaryétein, à douze heures de marche environ de Djéroud. Point n'est besoin d'avoir la logique d'Aristote et l'esprit mathématique de Pythagore pour comprendre l'importance d'un départ un peu matinal et en déduire l'heure de la levée du camp. L'ordre avait été donné à Kaouam d'abattre les tentes à cinq heures du matin. Cependant, à six heures et demie, les moukres s'éveillent à peine! Et ne croyez pas qu'ils vont chercher à regagner le temps perdu. Illusion!... D'abord l'homme de l'Orient n'existe pas avant le lever du soleil. Ensuite, il ne se hâte jamais, il a devant lui le temps, comme il a l'espace...

Le mieux est d'accepter tout bonnement la situation. Les animaux retardent aussi ce laborieux départ, mais ils usent d'un procédé tout différent. Les mules, toutes chargées, s'échappent dans le camp. Après des ruades et des galopades qui nous remplissent de crainte pour le contenu de nos malheureuses caisses, elles finissent par avoir leurs charges sous le ventre, d'où nouveaux et interminables efforts des moukres pour remettre tout à sa place. O mules de l'Orient, que n'avez-vous l'impassible placidité de vos maîtres !...

En attendant que notre monde se mette en mouvement, nous errons dans les rues du village, essayant de jeter un œil indiscret dans l'intérieur des huttes, et de saisir un coin de vie, une scène de mœurs. Nous relevons, à peu près partout, la même simplicité et, aussi, le même dédain de la plus élémentaire propreté. Ne voyez pas là un privilège spécial aux villages de l'Orient. Certaines bourgades de l'extrême-ouest de la France et du midi de l'Italie ou de l'Espagne soutiendraient avec Djéroud une comparaison fort honorable, d'autant plus que leurs habitants n'ont pas le bénéfice des ablutions prescrites par le Coran.

Un bruit confus de cris et de chants attire notre attention.

Nous approchons : c'est un enterrement arabe.

Le mort, à visage découvert, est porté par une dizaine d'hommes sur une civière très haute, terminée à l'avant par une sorte de potéau qu'on a recouvert d'un turban. La foule suit en poussant des cris qui veulent exprimer une grande douleur. Les femmes se distinguent particulièrement dans ce bizarre exercice ; vêtues de longues robes d'un bleu foncé, elles courent en désordre, poussant le *zalaghit,* sorte de hurlement aigu ou de trémolo sauvage qui, mêlé au chant mélancolique des hommes, produit un effet très singulier. De cette incroyable cacophonie en mineur on ne peut avoir aucune idée.

Au lieu de l'inhumation, un cheik du village psalmodie, sur un ton de fausset, d'interminables versets du Coran.

Le soleil, dont les rayons rasent le sol (1),

(1) En Orient, les enterrements ont généralement lieu à la pointe du jour.

fait allonger les ombres en portées fantastiques, sur la terre jaune du cimetière. Les loques des pleureuses s'illuminent de couleurs chaudes. Les hommes lèvent les bras au ciel, on dirait une réunion de prophètes assemblés sur les *hauts lieux* pour conjurer la colère de Dieu. La scène prend un grand caractère : Israël, errant dans la Transjordanie, devait pleurer ainsi Aaron et Moïse.

Sept heures. Kaouam donne enfin le signal du départ.

Un à un, nous défilons dans les rues étroites de l'ancienne Géroda (1). Les paysans nous regardent, étonnés. Une caravane de *Frangi!*... Ce doit être, ici, un événement considérable, et encore assez rare, puisque, depuis deux années, aucun Européen n'a visité Palmyre. Heureusement, les Anglais n'ont pas défloré ce petit coin de Syrie!... Hâtons-nous d'en jouir. Je vois, sous peu, le drapeau de l'agence Cook flotter sur la grande colonnade de Palmyre, tout comme il flotte à Héliopolis, en face du temple du Soleil! Et alors, adieu l'imprévu et le pittoresque! Il ne

(1) Géroda figure sur l'Itinéraire d'Antonin.

restera plus à cette malheureuse population que l'amour du *bagchich*...

Pour le moment, nous nous réjouissons fort d'échapper aux Fourches Caudines de ces exploiteurs à pavillon rouge qui ont gâté le Caire comme ils vont abîmer Jérusalem, Jéricho, Baalbeck et tout l'Orient. Je souhaite, pour l'antique Tadmor, qu'elle reste longtemps encore en dehors de leur rayon d'action!

Nombre de touristes vont me taxer d'injustice et de parti pris : « Oubliez-vous, diront-ils, que les agences ont eu le mérite de faciliter singulièrement les voyages? Grâce à elles, on peut, sans perdre de temps et sans se donner de peine, visiter bien des endroits réputés jusqu'ici inabordables. » Oh! l'organisation est admirable : elle révèle un des côtés les plus frappants du génie pratique des Anglais; et on serait mal venu de la critiquer.

Aujourd'hui, en effet, la chose est simple. De Londres ou de Paris, vous prenez un ticket pour Louqsor ou Ouadi-Halfa, tout comme s'il s'agissait de Versailles ou de Saint-Cloud. Le prix est fixé et payé d'avance. Dès lors, plus de préoccupations de trains, de bateaux, d'hôtels, de drogmans, etc.; aucun souci de ces mille détails qui tiennent l'esprit en éveil, rien à prévoir, rien à préparer, rien à organiser. Grâce à ce procédé commode, sinon économique, vous n'avez plus qu'à vous laisser faire. Libre à vous de penser à quelque chose ou de ne penser à rien, de vous endormir pendant toute la durée du voyage ou de vous réveiller pour admirer le crocodile de carton peint signalé à l'endroit convenu par un commis à casquette galonnée. Le touriste paye l'agence, l'agence doit le promener, le nourrir, lui montrer les curiosités indiquées dans le *Bædeker* ou dans le *Murray* en lui débitant un boniment à tant la ligne, mais l'agence n'oblige le touriste ni à voir, ni à écouter.

Un jour, au Caire, le hasard me fit rencontrer un aimable compatriote, Méridional renforcé, intrépide voyageur qui, connaissant toute l'Europe, s'était mis en tête de visiter les autres parties du monde. Il venait de l'Asie et passait en Afrique. « Eh bien, lui dis-je, vous arrivez de Jérusalem! dites-moi vos impressions, vos émotions. Quel effet vous a produit la Ville sainte? » — « Bah! me dit-il, Jérusalem, mon cher, est une ville de trente-six heures! » Un tour au Saint-Sépulcre, un coup d'œil d'ensemble sur la mosquée d'Omar, une promenade au clair de lune dans la vallée de Josaphat, tout cela en compagnie d'un drogman qui avait hâte d'en finir et d'un ami qui lui parlait du café de la Paix, et mon homme connaissait à fond Jérusalem! L'heure! Voilà l'aune avec laquelle le vrai touriste Cook mesure l'intérêt d'un pays! Et vous ne ferez jamais croire à ce voyageur pressé qu'il n'a pas *tout* vu.

Pour ma part, je ne vois pas d'inconvénient à ce qu'un honnête homme se promène, sans penser à mal, à l'ombre des palmiers de Memphis ou sous les voûtes torrides du Sérapeum. Il peut bien voguer sur le Nil, dans un bateau appelé Rhamsès, comme il prend, ailleurs, une hirondelle numérotée... Il ne dérange personne.

Mais que ce voyageur de train express s'abstienne donc de conférer, à tout propos, sur les mœurs, les coutumes, l'avenir, les méthodes de colonisation des pays qu'il n'a pas vus! Il ne s'aperçoit pas qu'étant resté presque en dehors de tout contact avec les gens et les choses de l'étranger, et refusant systématiquement de s'y mêler, il emporte avec lui l'air, l'atmosphère de son pays. Son corps se déplace, non son esprit et son jugement. Il ne voit qu'une succession de tableaux, de photographies, propres à l'amuser, mais incapables de l'instruire.

Chateaubriand et Lamartine voyageaient lentement;... ils mettaient des années là où nous mettons des semaines. Mais quel profit pour eux et pour nous! Que d'enseignements retirés de ces longs séjours dans ces villes de la Méditerranée, par exemple, où ils demeuraient, d'une brise à l'autre, analysant, cherchant, apprenant la langue d'un pays pour le mieux connaître! Ils retournaient chez eux avec une moisson de souvenirs et de documents auxquels, nous autres, touristes à la vapeur, nous venons encore demander l'impression vraie!

Touristes à la vapeur! Ah! nous regrettions bien de ne pas l'être davantage dans cet immense *schôl* que nous traversions depuis le matin, sans autre horizon à droite et à gauche qu'une ligne de hauteurs ondulant tristement sur le ciel bleu!

Près d'Atneh, sur notre droite, un grand lac salé attirait ce matin notre attention, miroitant au soleil, gaiement, traîtreusement... Abraham, dit la tradition, et l'importante migration térachite qui le suivait, habitèrent longtemps dans ces parages.

Depuis lors, plus de route. Nous suivons maintenant, à travers de rares touffes de lavande, les longs sillages uniformes, parallèles, que d'autres caravanes ont tracés ; çà et là quelques khans en ruine, quelques carcasses de chameaux tombés de vieillesse ou de misère, puis une quantité innombrable de trous d'où sortent des animaux de la grosseur d'un rat, de couleur jaune et ressemblant assez à de petits kangouroos : à notre approche, ils rentrent et sortent prestement de leur retraite. Évidemment, notre passage est une révolution dans l'existence de ces singulières petites bêtes, appelées gerboises, qui nous regardent avec des mines très drôles. La surface du sol n'est plus qu'une croûte friable qui cède sous les pas de nos chevaux, tant la terre est minée par ces sapeurs d'un nouveau genre qui sont l'occasion de quelques chutes, d'ailleurs sans gravité.

Enfin, après douze heures de cette marche affreusement monotone, pénible pour tous, les rayons pâles de la pleine lune éclairent un village entouré de grands arbres, aux formes indécises qui feraient croire à une grande ville. C'est Quaryétein! le lieu de la halte si ardemment désirée...

A neuf heures du soir, nos tentes se dressent à la lisière du village. Le drapeau tricolore flotte au-dessus d'elles, modeste souvenir de la patrie, nous rappelant qu'à des milliers de lieues de ce fragile campement, d'autres hommes, habitant des villes bruyantes et animées, parlent notre langue et pensent comme nous!...

IV

A QUARYÉTEIN (1).

Quaryétein, 15 mars.

Hier soir, vers dix heures, au moment où nous nous préparions à demander au *pilaf* — le mets favori de notre cuisinier — la légitime réparation de nos forces, Kaouam vint nous annoncer qu'un missionnaire français demandait à nous parler.

Bien que nous fussions tout disposés à faire un sérieux honneur à la savante préparation de notre chef, représentée par une superbe montagne de riz fumant qui embaumait notre tente, nous sortons, heureux de saluer un compatriote.

Sous la clarté de la lune, un assez grand

---

(1) Quaryétein, les Deux-Villes, est l'ancienne Coradœa, ville épiscopale qui dépendait de la métropole de Damas. Très probablement, elle est aussi la « Ville des Sources », l'Hazar-Enan de la Genèse et d'Ézéchiel.

nombre de silhouettes remuantes s'estompent sur le long mur en terre qui ferme le village à l'ouest. C'étaient des indigènes. Curieux de voir des *Frangi*, ils se rapprochaient de nos tentes et engageaient avec nos moukres une conversation animée. Le personnel de notre caravane se plaignait fort, paraît-il, de notre exigence et de l'extrême longueur des marches fixées. Aller à Palmyre en quatre jours et se lever avant l'aurore, cela dépassait leur imagination ! A en croire Kaouam, dont l'aptitude à exagérer les moindres événements était remarquable, nos domestiques se seraient volontiers mutinés et réclamaient une rémunération plus forte. Bien nous prit de ne prêter aucune attention à tous ces bavardages, dont le but non dissimulé était de favoriser la paresse des moukres et de prolonger, sans motif plausible, notre séjour dans le désert. Ces explications s'échangeaient à haute voix dans une langue malheureusement inconnue de nous : nous regrettions de ne pas pouvoir les phonographier. Quel champ à défricher pour les observateurs de mœurs populaires !

D'un des groupes, un prêtre se détache et vient à nous. La connaissance est bientôt faite : nous étions en présence d'un aimable homme, d'une cinquantaine d'années environ, ouvert, accueillant et semblant bien heureux de trouver à qui parler sa langue dans ce pays perdu. Il était Jésuite, de la résidence de Homs (l'ancienne Emèse), à deux ou trois jours de Quaryétein. Envoyé ici pour évangéliser les catholiques égarés parmi les musulmans et les jacobites, il prêchait en arabe un carême qui ne lui donnait, paraît-il, aucune consolation.

Sans tarder, le Père X... nous conduit au presbytère, qui n'est, en réalité, qu'un vieux couvent abandonné : il veut nous présenter au curé de Quaryétein (1).

Nous sommes reçus dans une grande salle sans meubles, toute garnie de matelas à étoffes claires, tenant lieu de divans. Il y avait là une vingtaine de personnes, des amis ou des parents du curé syrien, et le cheik du village, musulman, mais très ami du missionnaire; pas de femmes, bien entendu.

A notre entrée, tous se lèvent : salamalecs ordinaires, saluts, révérences, etc.; nous sommes bientôt les amis de ces braves gens. Il

(1) Le village possède un curé grec-catholique, marié (comme la plupart des membres du bas clergé syrien) et père de quatre enfants

faut voir quelle impression font sur eux les mots de Français et d'officiers !...

Deux jeunes hommes, les fils du curé de Quaryétein, d'une vingtaine d'années environ, font les honneurs, offrant des *narghilehs* et du café, empressés, mais sans obséquiosité, l'air grave, distingué ; les traits de leur visage encadré de longs cheveux bouclés sont d'une grande finesse et d'une grande douceur ; leur tournure est gracieuse, presque élégante sous leur longue tunique qui descend jusqu'aux genoux et laisse nus les pieds et les jambes : on aime à se représenter ainsi les Lévites de l'Ancien Testament.

Le cheik du village ne fut pas, non plus, en reste d'amabilité : il y était, du reste, invité par une lettre du *vali* de Damas que le consul de France avait obtenue pour nous. Il fallut boire, à la même tasse ébréchée, l'inévitable café, et Dieu sait à quel échange de compliments nous fûmes obligés de nous prêter. Des coups d'encensoir à casser des nez de pachas ! Le Père X... soufflait ce qu'il fallait dire : c'était une partie de son ministère. Contenson avait la direction de ces amusantes démonstrations ; il y excellait :

« Jamais, disait-il au cheik en plaçant la main

« sur son cœur, la France n'oubliera que tu
« nous as reçus sous ton toit hospitalier, et la
« mémoire de cet événement se transmettra à
« tous nos descendants. » — « Allah m'a béni,
« répondait le cheik ; puisque tu as bien voulu
« descendre chez moi, mes récoltes sont assu-
« rées ! » Et ainsi de suite.

Le Père X... ne se faisait guère d'illusions sur
le résultat de ses efforts : sa tâche nous parut
bien ingrate. Ses cheveux avaient blanchi sous
le soleil d'Orient ; il avait parcouru la Syrie dans
tous les sens, et, certes, il la connaissait bien !
« Je préférerais, dit-il une fois, risquer franche-
« ment ma vie en évangélisant de vrais sauvages
« qu'essayer de ramener aux pratiques reli-
« gieuses les cinquante ouailles du curé de
« Quaryétein ! »
Ici, les ambitions, les intérêts, les guerres, les
passions se rattachent à une question religieuse.
Le plus souvent, les antipathies ou les sympa-
thies d'une race se traduisent par des mouvements religieux, mouvements divers, variés,
hélas ! à l'infini, qui se heurtent et se choquent
dans tous les sens ! Autant vaudrait compter les
grains de sable soulevés par une caravane dans

le désert, qu'énumérer les sectes qui se disputent l'Orient, de Constantinople au Caire! Ainsi, dans cette bourgade de Quaryétein, jetée à la limite extrême des pays habités, reliée d'une façon très précaire aux centres des discussions religieuses, que de pratiques différentes, depuis le vague sabéisme du Bédouin nomade, jusqu'au formalisme du jacobite et à la superstition du musulman!

Ces divisions dépendent évidemment de la grande diversité des races, qui sont fort nombreuses, surtout en Syrie.

En effet, les villages que nous venons de traverser : Kateifeh, Djéroud, Quaryétein, sont composés, en majeure partie, de Grecs et d'Arabes. Mais, à ces deux grandes familles principales, qui se subdivisent elles-mêmes en plusieurs branches très distinctes, il faut ajouter les représentants de la souche turque, le peuple dominant d'aujourd'hui, et quelques rameaux épars de Bédouins, d'Israélites, de Maronites et même de Kurdes qui sont venus se fixer dans ces villages après les ballottements de la vie errante. Or, toutes ces races demeurent avec leur cachet spécial, leur religion, leurs mœurs, leurs coutumes. Grâce à un esprit de particularisme très prononcé, elles se mélangent, mais ne se fondent point.

Que peut, dans ces conditions, l'apostolat chrétien, le seul agent, ici, de la civilisation européenne?

On l'a dit très justement, l'Orient est un pays qui a besoin de l'influence occidentale pour vivre, c'est-à-dire pour sortir de l'état de quasi-barbarie vers lequel il retourne naturellement. Ézéchiel prophétisait, il y a deux mille ans, que jamais l'Égypte n'obéirait à un sceptre égyptien (1). L'Asie Mineure, la Syrie, la Palestine sont-elles condamnées à subir aussi l'influence étrangère?

Mais ce besoin des peuples orientaux de greffer leur vie nationale sur d'autres tiges plus robustes ne va-t-il pas servir à notre action? car l'histoire est là pour montrer qu'ils n'ont rien gagné à se soustraire à ce qu'ils appellent le joug de l'Europe.

Il ne nous appartient pas d'étudier le fond de la question. Constatons simplement qu'en Syrie l'influence française occupe le premier rang parmi toutes les influences européennes. Saurons-nous en profiter? Saurons-nous utiliser les

(1) Ézéchiel, xix, 13; xxx, 13.

forces que nous créent la situation des Jésuites et des Lazaristes français à Damas ou à Beyrouth et la présence de cet humble missionnaire dans cette infime bourgade de Quaryétein? Nos arrière-neveux pourront le dire.

Pour le moment, une autre question, plus actuelle, se pose : en face de quel ennemi, ou, si vous voulez, de quel adversaire, ces Jésuites, ces Lazaristes, ces missionnaires vont-ils se trouver? En face du mahométan? Si le musulman est inassociable, *immiscible* à nous, sa haine diminue de jour en jour... parce que sa crainte augmente. A mesure que s'accroissent notre puissance militaire et notre appareil scientifique et industriel, son inquiétude va aussi, elle, en grandissant. Il se demande, avec une terreur inconsciente, ce qu'il deviendrait le jour où les nations chrétiennes, mettant une trève à leurs jalousies, s'armeraient contre lui. De fait, son fanatisme d'aujourd'hui est loin de ressembler à son fanatisme d'hier. Et s'il est vrai que la conversion d'un musulman soit très rare, on peut affirmer que la persécution est devenue absolu ment exceptionnelle.

Non, il faut chercher ailleurs le véritable adversaire de l'influence latine. Nous avons,

hélas! devant nous un ennemi qui nous touche
de plus près, un frère, un de nos aînés, trop
jaloux de nous avoir cédé ses droits pour nous
pardonner jamais.

Ce frère, c'est le Grec. Je sais que j'aborde
là un ordre de choses tout particulièrement délicat, et qu'il faut une longue pratique des choses
de l'Orient pour se prononcer là-dessus avec
compétence : aussi ne l'essayerai-je même pas.
Je me permettrai de dire seulement que la division séculaire entre les deux races existe encore,
tamisée, peut-être, par les voiles d'une politique
calculée et intéressée, mais réelle et profonde.
Quoi qu'il fasse, le Grec byzantin sera toujours
en face du Latin romain, le premier fin, insi-
nuant, raisonneur, aimant l'argent et discutant
de tout à propos de tout, le second avec son
esprit de possessivité et de domination, sa constance, son âpreté dans la lutte, ses immenses
ressources pécuniaires. Je rappellerai ici ce mot
de M. de Maistre : « Mahomet, disait-il, brisait
« les portes de la capitale pendant que les
« sophistes mitrés discutaient sur la gloire
« du mont Thabor (1). » Que feraient, en pa-

____

(1) J. DE MAISTRE, *Du Pape*, liv. IV, chap. IX.

reille circonstance, les Levantins d'aujourd'hui?

Cicéron, qui connaissait si bien les Grecs de son époque, disait déjà : « Il y a certaines choses « très saintes dont cette nation n'a jamais senti « ni la force, ni le poids, ni l'autorité (1)... » L'autorité qui lui manque actuellement, c'est celle de la science et du travail : elle manque au clergé grec catholique, bien supérieur cependant, au clergé orthodoxe. On dirait que la notion de la difficulté vaincue par un labeur persévérant lui fait absolument défaut. Où est donc le temps des Athanase, des Basile, des Grégoire de Nazianze?

Nous ne pouvions nous empêcher de faire ces réflexions en voyant notre missionnaire et le curé syrien célébrer la messe dans une sorte de hangar ouvert à tous les vents qu'on appelle la *keniça*... Quel abîme, en effet, sépare ce prêtre français, aussi savant que dévoué, et ce curé syrien qui connaît à peine la langue dans laquelle il dit l'office, et dont le souci trop naturel est de pourvoir aux charges d'une nombreuse famille!

« Il arrive au peuple grec, dit encore Joseph de « Maistre, de parler de rivalité à notre égard. « Jadis peut-être cette rivalité avait une base et

(1) Cicéron, *Or. p. Flacco*, cap. iv.

« un sens, mais que signifie aujourd'hui une
« rivalité où l'on trouve d'un côté tout, et de
« l'autre rien (1)? »

Verrons-nous jamais s'aplanir toutes ces difficultés?

Qui sait?… Mais alors, — puisqu'il ne coûte rien
d'élargir le cadre de nos espérances, — les cou-
vents du mont Athos et la solitude de Mar-Saba
n'auraient peut-être pas dit leur dernier mot?…

Près de l'église, une autre spectacle nous attendait… Le Père X… voulait donner à notre *docteur* une idée de la thérapeutique des maladies
cérébrales pratiquée à Quaryétein.

Dans un cabanon très bas, humide, malsain,
privé d'air et de jour, on avait enfermé une
pauvre folle. Le jacobite, dont la malheureuse
était la femme, avait imaginé, soi-disant pour la
guérir, — d'autres auraient dit pour la tuer, —
de la soumettre à un jeûne des plus rigoureux.
Dans l'ombre, sur la terre nue, se traînait un
squelette de femme dont on ne distinguait que les
deux yeux. Nous n'oublierons jamais l'expression inquiète, suppliante, de ces deux yeux?

(1) J. DE MAISTRE, *Du Pape*, liv. IV, chap. XI.

S'il restait encore un peu de vie à ce misérable corps, elle s'était concentrée là tout entière! Moitié couchée, moitié assise, la pauvre créature chantait en se balançant, tantôt en élevant la voix, comme pour entamer une ritournelle un peu gaie, tantôt en la baissant et poussant d'affreux cris sourds; à côté d'elle, une galette de pain rongée par les rats et une cruche d'eau renversée. La nuit dernière, dit-elle au Père X..., elle a reçu la visite de beaux anges qui l'ont consolée... Mais elle se plaint qu'ils lui aient ravi ses parures, ses bracelets...

Nous sortons, le cœur serré.

Et la pauvre folle reprit, en se balançant, sa mélopée décousue!...

V

DE QUARYÉTEIN A KASR-EL-HAIR. — LES ANAZEH.

Kasr-el-Hair, 15 mars.

Malgré les affectueuses démonstrations de nos nouveaux amis, il faut les quitter. Après les adieux, nous voilà en route sous un soleil déjà ardent, enveloppés par une chaleur étouffante que le sable nous renvoie impitoyablement. La tête cachée dans nos kouffichs, nous trottinons derrière le cheik. Notre caravane s'est augmentée de deux chameaux, sur le dos desquels se balancent des outres ventrues remplies d'eau. Ils avancent, allongeant le cou pour prendre au passage, sans s'arrêter, une herbe sèche qu'ils broient lentement.

Le ouady est de plus en plus large, desséché et désolé. Les touffes de lavande deviennent plus rares, l'aspect de cette solitude, qui se développe à l'infini, est encore plus triste que le

« schôl » de la veille. A droite et à gauche, toujours ces ondulations grises, bleues, lilas qui nous enserrent depuis le Djebel-Tinieh !

Et-ce enfin le vrai désert?

Mais bientôt la solitude s'anime. Au loin, nous distinguons des hommes, des chevaux, d'innombrables troupeaux de chameaux, et çà et là, au pied des collines, des tentes noires qui se profilent assez mal sur les rochers.

La figure de Mansour prend tout à coup une expression de joie, et étendant la main : « Anazeh ! » s'écrie-t-il. Nous voilà, en effet, sur le territoire des Bédouins Anazeh, la plus puissante des tribus arabes de l'Euphrate, qui oscillent entre les steppes des déserts d'Arabie et de Syrie.

Ce sont des Bédouins, de vrais Bédouins, peut-être les descendants directs d'Ismaël par Nabaïoth et les Nabatéens. Mahomet traitait les *Bedaoui* ou « hommes du désert » de rebelles, d'infidèles ; il n'eut jamais prise sur eux. Les Anazeh, en effet, ont toujours échappé à la conquête : ils le doivent à leur vie errante.

Le rapprochement entre eux et les Shasou, les pillards d'il y a trois ou quatre mille ans, est classique. Leur physionomie peut très bien être celle des races pastorales d'il y a vingt-cinq ou trente siècles : il n'y a là rien d'invraisemblable, et l'on peut croire sans naïveté que les fils mènent aujourd'hui la vie de leurs pères. Mais on est trop facilement entraîné à y voir aussi une reproduction exacte des mœurs d'Abraham et de Jacob. Sans doute, la vue d'un camp de Bédouins aide à l'intelligence des scènes de la Bible, mais, — je ne sais pourquoi, — mon jugement s'est toujours refusé à voir, sous la tente des *émirs* qui nous ont reçus, une image absolument fidèle de la vie patriarcale des premiers Hébreux. Il devait y avoir, chez ces derniers, quelque chose de plus ou quelque chose de moins... Plus je relis la Genèse, plus cette idée s'affirme dans mon esprit. Job n'était-il qu'un richissime cheik de tribu?

Il y a deux ou trois semaines, les Anazeh ont quitté les bords de l'Euphrate, où ils passent ordinairement l'hiver, pour prendre leurs quartiers d'été sur les frontières de Syrie et faire profiter leurs troupeaux des rares herbes que les pluies hivernales ont fait croître. Leur camp s'étend à perte de vue; Mansour dit qu'ils sont plus de dix mille. Ce qui est certain, c'est que nous longeons pendant plusieurs heures des troupeaux de chameaux.

Des amis de notre cheik viennent causer avec lui. Leur dialecte est dur, guttural; il se rapproche parfois des intonations allemandes; Kaouam n'en comprend pas un mot.

Une taille moyenne, le teint hâlé, très brun, la barbe d'un noir de jais, l'œil vif avec un froncement très marqué des sourcils, la figure émaciée, la physionomie ouverte et intelligente, telle est généralement la silhouette du Anazeh.

D'après Mansour, la tribu se divise en un nombre considérable de *taonaïfs* ou *achaïrs* que rien ne relie entre elles, à part la communauté passagère de certains intérêts ou les affinités momentanées, comme le choix d'un campement ou une expédition contre une tribu rivale. Alors la majorité et la minorité se séparent. De nouvelles *taïfehs* se forment. Après l'élection d'un nouveau chef, *cheick* ou *aghid*, auquel sont confiés les devoirs de l'hospitalité en temps de paix ou la direction du combat en temps de guerre, la patrie se transporte ailleurs.

Les Anazeh peuvent se dire mahométans, mais ils n'ont garde de s'embarrasser des prescriptions du Coran. Ils croient en Dieu, *Allah,* mais leur dévotion est des plus relâchées. Mansour n'a jamais fait devant nous un acte quelconque de piété. « Comment, disait jadis un Bédouin à « Volney, faire des ablutions, puisque nous « n'avons pas d'eau? Comment faire des aumônes, « puisque nous ne sommes pas riches? Pourquoi « jeûner le Ramadan, puisque nous jeûnons toute « l'année? Et pourquoi aller à la Mecque, « puisque Dieu est partout? »

L'immortalité de l'âme est pour eux une métempsycose mal définie, mais ils croient certainement à une vie future. En somme, leur religion est des plus simples, et leur code de morale est l'opinion courante de la tribu sur ce qui est le *bien* ou sur ce qui est le *mal :* il n'existe chez eux ni prêtres, ni temples, ni culte régulier, ni juges, ni tribunaux. Ajoutons que si l'Arabe a d'excellentes qualités, s'il n'est pas sanguinaire, s'il est juste et hospitalier, il est pillard, vindicatif et très cupide : l'occasion de l'observer ne nous a pas manqué.

Le fameux Saoud, le *glaive* des Wahabites, appartenait à la tribu des Anazeh, qui se glorifient de cette célèbre parenté. Ils sont fiers de ce qu'un des leurs ait mis en mouvement toute l'armée égyptienne de Méhémet-Ali. Ce ne fut pas sans peine, en effet, que l'on put rétablir dans la Kaaba l'autorité du sultan de Constantinople, alors très compromise.

Les Bédouins n'ont pas grande affection pour les Turcs; ils se piquent de ne point leur être soumis. Il y a bien, sur les confins du désert de Syrie, deux ou trois cubes de terre appelés *tchefflicks*, postes turcs qu'on a semés de loin en loin pour rappeler aux Arabes l'omnipotence du chef des croyants. Mais, vraiment, que peuvent deux ou trois *zaptiehs* contre une nuée de Anazeh? D'ailleurs, pour le moment, Anazeh et Zaptieh vivent en parfaite intelligence.

Et toujours des chameaux!...

Décidément c'est la vraie richesse des nomades. Le chameau n'est certes point un bel animal. Cependant on ne peut pas se lasser de le regarder... et de l'admirer. Je comprends qu'on cède à l'envie d'en faire la description : une des plus jolies a été faite par Volney; je ne crois pas qu'il en existe de plus pittoresque et de plus vraie. Comme notre génération lit peu ou point Volney, je demande la permission d'en citer quelques passages : « Aucun

« animal, dit-il, ne présente une analogie si
« marquée et si exclusive à son climat : on
« dirait qu'une intention préméditée (1) s'est
« plu à régler les qualités de l'un sur les
« qualités de l'autre. Voulant que le chameau
« habitât un pays où il ne trouverait que peu
« de nourriture, la nature a économisé la ma-
« tière dans toute sa construction. Elle ne lui
« a donné la plénitude des formes ni du bœuf,
« ni du cheval, ni de l'éléphant, mais le bornant
« au plus étroit nécessaire, elle lui a placé une
« petite tête sans oreilles, au bout d'un long cou
« sans chair. Elle a ôté à ses jambes et à ses
« cuisses tout muscle inutile à les mouvoir; enfin
« elle n'a accordé à son corps desséché que les
« vaisseaux et les tendons nécessaires pour en
« lier la charpente. Elle l'a muni d'une forte
« mâchoire pour broyer les plus durs aliments;
« mais de peur qu'il n'en consommât trop, elle
« a rétréci son estomac et l'a obligé à ruminer.
« Elle a garni son pied d'une masse de chair

(1) On peut observer, à ce propos, que ce même Volney, qui
constate les « intentions préméditées » de la nature intelligente, lui refuse toute direction, toute participation après l'action créatrice. Singulière marâtre que cette mère qui se contente de mettre au monde les enfants qu'elle abandonne
ensuite !

« qui, glissant sur la boue et n'étant pas propre
« à grimper, ne lui sera praticable que sur un
« sol sec, uni et sablonneux comme celui de
« l'Arabie. Privé des cornes du taureau, du
« sabot du cheval, de la dent de l'éléphant et de
« la légèreté du cerf, que peut le chameau contre
« les attaques du lion, du tigre et même du loup?
« Aussi, pour en conserver l'espèce, la nature le
« cacha-t-elle au sein de vastes déserts où la
« disette des végétaux n'attirait nul gibier et
« d'où la disette du gibier repoussait les animaux
« voraces. Il a fallu que le sabre du tyran
« chassât l'homme de la terre habitable pour que
« le chameau perdît sa liberté. Passé à l'état
« domestique, il est devenu le moyen d'habita-
« tion de la terre la plus ingrate. Lui seul sub-
« vient à tous les besoins de ses maîtres. Son lait
« nourrit la famille arabe, sous les diverses
« formes de caillé, de fromage et de beurre;
« souvent même on mange sa chair. On fait des
« chaussures et des harnais de sa peau, des
« vêtements et des tentes de son poil. On trans-
« porte, par son moyen, de lourds fardeaux;
« enfin, lorsque la terre refuse le fourrage au
« cheval, si précieux au Bédouin, le chameau
« subvient par son lait à la disette, sans qu'il en

« coûte, pour tant d'avantages, autre chose que
« quelques tiges de ronces ou d'absinthe et des
« noyaux de dattes pilés. Telle est l'importance
« du chameau pour le désert que, si on l'en reti-
« rait, on en chasserait toute la population dont
« il est l'unique pivot. »

Les Anazeh sont encore plus fiers de leurs
chevaux, et à juste titre : ils possèdent les types
absolument purs de la race arabe d'où est
sorti le cheval anglais. Le Prophète avait, dit-
on, cinq juments favorites : elles ont donné
naissance aux cinq rares *kehilan* dont l'ensemble
forme la *khamsa*, véritable aristocratie chevaline
dont on transmet, par témoignages authentiques,
la précieuse lignée. Plusieurs autres races, très
nobles, quoique inférieures à la khamsa, ont
aussi une généalogie. Tout le reste est *kadish*,
inconnu. Il va sans dire qu'il est formellement
interdit de croiser les races blasonnées avec des
races inférieures. Cet usage sévère est respecté,
au grand détriment des représentants kehilan,
qui auraient besoin d'un peu de sang nouveau.
D'ailleurs, en dehors des races pures, il y a de
fort jolis et fort bons chevaux, dont le modèle, si
souvent représenté dans nos tableaux ou nos

gravures, reste dans l'œil de celui qui l'a regardé une seule fois attentivement. Nous avons eu la bonne fortune de monter, à Quaryétein, un vrai cheval syrien : il était de taille moyenne, son dos était court, ses muscles très saillants, ses jambes fines, et sa souplesse extraordinaire. L'animal, qui n'avait subi aucun dressage sérieux, s'équilibrait de lui-même, probablement en raison de l'harmonie parfaite de ses proportions. Malgré la dureté du mors arabe, qui consiste en un gros anneau formant à la fois mors de bride et gourmette, il était *léger* et obéissait aux moindres avertissements de la main ou des jambes ; son propriétaire voulait nous le céder pour quatre mille francs. Je cite ce chiffre comme une donnée *relative*, car les prix varient d'un vendeur à l'autre et surtout d'un acheteur à l'autre. Mais, en Syrie comme ailleurs, les bons chevaux sont très chers.

Enfin, très loin devant nous, un point jaune coupe le ouady. « *Kasr-el-Hair !* » dit Mansour, en levant trois doigts.

Kasr-el-Hair, — une ruine, un vieux pan de mur déchiqueté dont personne ne connaît le passé, — c'est le lieu de notre halte pour la nuit ;

4.

il nous faut encore trois heures de marche pour l'atteindre (1).

Le soleil baisse, la brise souffle de l'est, apportant un peu de fraîcheur, bien accueillie après la chaleur torride de la journée; nos chevaux s'en vont plus allègrement; les moukres chantent, tout notre monde reprend courage.

Çà et là, des troupeaux d'animaux circulent au galop, à la recherche d'une source.

Il faut peu de chose pour occuper l'attention pendant les longues étapes du désert. Notre Nemrod, de Nattes, s'imagine de donner la chasse à cinq gazelles que notre approche a fait lever. Nous relevons nos kouffiehs, et nous voilà partis, ventre à terre, à leur poursuite. Mais nous étions loin du *hallali!* Elles étaient gracieuses comme leur nom, ces gazelles! et souples, et si rapides dans leurs mouvements, s'arrêtant net après une course furieuse, bondissant au-dessus des herbes, tournant leur petite tête vers nous pour reconnaître le danger! Mais elles eurent vite fait de *prendre un parti* et de disparaître...

Nous galopions toujours! — « Je comprends,

_____

(1) Dans les environs de Kasr-el-Hair, les guides montrent un reste d'aqueduc qui devait amener à Palmyre les eaux d'une source probablement tarie.

disait de Nattes, toute la volupté de la vie d'un Anazeh! Le ciel, l'espace, l'air à pleins poumons, pas de conventions sociales ni mondaines, pas de préoccupations et l'infini partout! On serait heureux à moins! »

Vers sept heures du soir, nous touchons Kasr-el-Hair, simple lambeau de muraille, reste de château turc ou débris de tour fortifiée, bâtie probablement pour relier Damas à Palmyre. A certains endroits, on distingue encore quelques traces de sculptures, où les faucons ont fait leur nid; ils s'en échappent en tournoyant bruyamment au-dessus de nos têtes.

Nos tentes se dressent à l'abri de la ruine, éclairée par une lune magnifique. Peu à peu, chacun ayant besoin de repos, tout rentre dans le calme; les moukres s'allongent, enroulés dans leurs couvertures, les chameaux cessent leurs grognements, les ânes eux-mêmes se taisent.

Et le cri du chacal troubla seul le silence imposant de cette belle nuit...

VI

L'ARRIVÉE A PALMYRE.

Palmyre, 16 mars.

Il ne faut pas perdre de temps si l'on veut franchir en une journée l'étape de Kasr-el-Hair à Palmyre. De l'un à l'autre il y a bien quinze ou seize heures.

Aussi, dès minuit, nous sonnons la diane. Une lune resplendissante facilite la levée du camp. On dirait que la vieille ruine de Kasr-el-Hair, très doucement illuminée, sourit à notre agitation... Debout sur sa base rétrécie, isolée au milieu de cette vaste plaine, elle effrite son marbre, lentement, grain à grain, comme le sablier filtre sa poussière...

La nuit appelle le silence... Tout le monde se tait. Nous cheminons les uns derrière les autres, à moitié endormis. Les chameliers, les moukres ne parlent ni ne chantent. Les animaux, mal remis de la fatigue de la veille, marchent péniblement : chacun se recueille et attend l'aurore.

L'aurore! C'est vers elle que nous marchons, vers le soleil levant, vers le dieu Malakbel, qui livre en ce moment aux ténèbres le combat acharné de l'Osiris égyptien contre Sit-typhon, dans ces « enfers d'où nul vivant n'est jamais revenu ».

Un peu de patience! Et le *Roi du jour*, « souverain de la nuit, qui avance sans station ni relâche », va encore une fois réapparaitre, vainqueur, resplendissant!

Les Tyriens ou les Ammonites n'ont pas fait plus de vœux à Melqart où à Moloch que nous au dieu de Palmyre. Grâce à lui, voici, j'espère, notre dernière journée d'attente, car nous attendons Palmyre comme les Juifs attendent le Messie!...

Palmyre! c'est notre *Terre promise!* L'esprit qui s'absorbe dans une idée y concentre toutes ses forces. Notre imagination, échauffée par les descriptions de Wood, de Volney, de Joanne, s'impatiente.

Entretenus dans une vague demi-somnolence par le pas rythmé de nos chevaux, nous rebâtissons la ville de Zénobie, avec ses colonnades de granit, ses palais de marbre et de porphyre, ses temples recouverts d'or dédiés à Baal, ses statues du Soleil édifiées à l'ombre des palmiers gigantesques! La pensée a vite fait de franchir les siècles et les espaces!

Seize ou dix-sept siècles en arrière! et notre caravane, chargée des présents que l'empereur Gallien envoie à la *très illustre impératrice d'Orient,* suit ces longues files de bêtes de somme, chameaux, mulets, éléphants qui amènent à la Babylone du troisième siècle des victuailles de toute sorte. En route, elle croise d'autres caravanes, rapportant aux patriciens de Rome les produits de l'Inde. Quel mouvement alors et quelles richesses!... Le mouvement intellectuel circulait par le même courant. La pensée, les idées, les religions, les philosophies, les sciences s'y croisaient aussi, s'y heurtaient, s'y échangeaient. Sur les chameaux, chargés d'ivoire ou de blé, se glissaient les papyrus d'Alexandrie et les tablettes de bois enduites de cire de Rome et d'Athènes. Avec cela, on changeait les destinées d'un peuple!

L'aurore se lève; les conversations reprennent, les chants aussi. Habbib, le moukre-ténor, entame une chanson nasillarde en mineur sur cinq ou six notes, avec des finales bizarrement écourtées, mélodie monotone, sans harmonie, sans cadence, sans grâce, mais d'un caractère bien particulier qu'on n'oublie pas.

Enfin, le soleil!... Je comprends que les pasteurs et les Orientaux, après avoir perdu les notions religieuses primitives, aient incarné leur dieu dans l'astre toujours *beau de face*, comme disaient les Égyptiens, d'autant plus que cette incarnation a souvent commencé par être simplement une expression, une demeure, un trône. Ne sourions pas trop de Baalsamin et de Râ; dans toutes ces altérations on retrouve la trace de conceptions théogoniques très pures. Et il était plus logique d'adorer le soleil que le veau d'or.

Si logique que ce soit, croyez bien, cependant, que notre admiration pour l'*astre du jour* n'alla pas jusqu'à le déifier. Pour le moment, nous eussions préféré la fraîcheur des bosquets et des oasis, où nous conviait le mirage, à l'ardeur un peu crue de ses rayons!...

Vers trois heures de l'après-midi, Contenson nous signale à l'horizon, droit devant nous, deux points, deux colonnes,... comme les pieds-droits d'une immense porte qui fermerait l'interminable ouady que nous suivons. — Tadmor ! Palmyre ! — Voilà donc le but de cette longue étape !

Qu'en reste-t-il, de ces ruines, où notre pensée vit depuis plusieurs jours ? Il faut se méfier des visiteurs trop enthousiastes. M. de Ségur ne l'était pas quand il écrivait, dans la *Revue des Deux Mondes* : « Quelques voyageurs se sont crus « obligés d'admirer ces ruines quand même, « sans doute pour se dédommager des fatigues « endurées dans le désert... » Ce n'était pas consolant. Et nous voilà pris par la crainte d'être déçus ! Au fait, les choses ont bien pu changer depuis Volney...

Et le soleil baissa lentement dans une splendeur de lumière que nous ne connaissions pas encore. De longues gerbes multicolores s'élançaient de l'occident en dorant les nuages légers essaimés sur leur passage ; on eût dit le bouquet d'un immense feu d'artifice. Nos deux colonnes, deux hautes tours carrées, dont les angles se profilaient sur un bleu très sombre, prenaient des tons rose blanc infiniment délicats qui se dégradaient insensiblement. Une vraie symphonie de couleurs !...

Malheureusement, en Orient, le crépuscule,

comme l'aurore, dure peu, et, le soleil couché, la nuit vient vite. Aussi, quand nous entrâmes dans la gigantesque porte, notre point de direction pendant cinq ou six heures, il faisait complètement nuit. Une grande brise, chaude, soufflait de l'orient; de gros nuages noirs montaient sur l'horizon, déchiré à intervalles rapprochés par des éclairs.

Bientôt la lune se lève, éclairant le *Ouady-el-Qouboûr*, la vallée des Tombeaux, que nous côtoyons en ce moment; à droite, à gauche, en haut, en bas, de grosses tours, et sur le sol, partout, d'énormes blocs de pierre, s'étalant symétriquement comme des dalles funéraires; puis, dans une grande plaine, confuses, éparses, jetées au hasard, une quantité innombrable de colonnes sur lesquelles la lune, faiblement interceptée, jette une teinte indéfinie.

L'orage gronde. Nous circulons maintenant entre deux séries de colonnes parallèles. Les pieds de nos chevaux heurtent des fragments de marbre sculptés, des fûts, des chapiteaux, des frises qui forment le sol de cette singulière avenue. Enfin, Mansour tourne à gauche, passe sous une arcade monumentale et plante sa lance dans le sable. Kaouam nous dit : « C'est ici que nous devons camper. »

Il est environ neuf heures du soir.

Illuminé par les éclairs, l'ensemble prend un caractère grandiose. Toutes ces colonnes de marbre blanc qui se détachent vaguement de la demi-obscurité ont quelque chose de macabre; on dirait des squelettes sortis brusquement d'une nécropole souterraine pour danser, autour de nos tentes, je ne sais quelle ronde fantastique!

Notre installation s'achève péniblement.

Près de nous, appuyé sur le pied brisé d'une colonne, un homme, quelque Arabe égaré ou venu par ici pour demander à ces amas de pierres un abri contre la tempête, nous regarde... ébahi.

DEUXIÈME PARTIE

A TRAVERS LES RUINES

I

LES ORIGINES DE PALMYRE.

Palmyre, 18 mars.

Voici deux grandes journées que nous parcourons ces ruines, et notre étonnement ne cesse pas!...

Tout confirme que Palmyre atteignit un degré de civilisation inouï; à chaque pas nous découvrons les traces d'un luxe très raffiné; les moindres chapiteaux, les jambages de portes les plus insignifiants ont reçu l'empreinte d'une vigueur artistique, *décadente,* mais réelle.

Il y a eu là un vrai rayonnement intellectuel à

côté d'un mouvement commercial extraordinaire, des richesses, des forces militaires, enfin
tout ce qui atteste la puissance, la vie!

Par quelles convulsions cette malheureuse cité
a donc passé, elle qui semblait, par sa situation
même, à l'abri de tous les orages? Et surtout
quelles circonstances ont amené son fondateur à
choisir cet emplacement singulier pour édifier
une ville?

Imaginez-vous, en effet, deux déserts, l'un
immense, sans montagne, sans trace de culture,
s'étendant à perte de vue vers l'est; l'autre,
moins aride peut-être, émaillé de quelques villages, mais sans autre ressources que des touffes
de plantes ligneuses à moitié grillées par le
soleil : Palmyre se trouve exactement sur la
ligne de séparation de ces deux solitudes, au
débouché d'une large vallée diluvienne qui la
relie à Damas et sur les rivages d'une mer de
sable qui la sépare de l'Euphrate. Singulière
situation, n'est-il pas vrai, pour le développement d'une ville! Néanmoins, un demi-siècle
durant, elle brilla d'un éclat aussi vif que Rome
ou Byzance!... Il est vrai que, ce moment de
gloire passé, elle périclita presque subitement au
point de disparaître complètement de l'histoire.

Le dernier essai de relèvement de Palmyre paraît dater du sixième siècle. L'empereur Justinien, qui a remué dans sa vie tant d'idées et tant de pierres, espérant que Palmyre pourrait encore lui servir de boulevard contre les trop fréquentes incursions des Perses, prescrivit de l'entourer de fortifications. Aujourd'hui encore, on suit, à l'ouest de la ville, au pied même de la colline sur laquelle est construit le château turc, les restes des anciennes murailles impériales. Cette tentative nous est relatée par l'historien grec Procope, compagnon de Bélisaire. Depuis lors, l'histoire est à peu près muette sur Palmyre. Personne n'en parla plus. Les générations suivantes en perdirent le souvenir, et les sables recouvrirent lentement ses somptueux édifices. Son histoire devint une légende confuse. Les exploits des guerriers arabes parurent appartenir à une époque fabuleuse; les noms d'Odenath et de Zénobie semblèrent tirés d'un conte des *Mille et une nuits*, inventé par quelque nouvelle Schehérazade... Si bien qu'on oublia jusqu'aux ruines de l'antique cité.

Au dix-septième siècle, un hasard les fit découvrir. La chose, quoique assez généralement connue, mérite d'être rappelée :

Vers l'année 1670, vivait à Alep, surnommée,
— coïncidence remarquable, — la « Palmyre moderne », un marchand anglais nommé Halifax.
Son négoce le mit en relation avec les nomades
du désert de Syrie, qui lui signalèrent, vers le
sud-est, dans une région inexplorée des Européens, un amas considérable de ruines. Ils lui
en faisaient de si magnifiques descriptions que
l'envie prit un jour à Halifax d'aller s'en rendre
compte par lui-même; se méfiant de l'imagination orientale, il les soupçonnait fantaisistes. Halifax et ses compagnons avaient compté sans les
Bédouins : sa caravane fut complètement pillée
et dépouillée. Force leur fut de revenir à Alep
sans avoir rien vu. « Ils reprirent courage en
« 1693, raconte Volney (1), et parvinrent à voir
« les monuments indiqués. Leur relation, publiée
« dans les *Transactions philosophiques*, trouva
« beaucoup d'incrédules et de réclamateurs; on
« ne pouvait ni concevoir ni se persuader com-
« ment, dans un lieu si écarté de la terre habi-
« table, il avait pu exister une ville aussi magni-
« fique que leurs dessins l'attestaient. » Cela
suffit cependant à exciter la curiosité des cher-

(1) VOLNEY, *Etat politique de la Syrie*, chap. IX.

cheurs de l'époque : un demi-siècle plus tard, le
chevalier Dawkins et Robert Wood, après avoir
visité l'acropole d'Athènes et les ruines de Baalbeck, entreprirent un voyage vraiment scientifique, à la suite duquel Wood publia à Londres, en 1753, le *Plan détaillé des ruines de
Palmyre* (1).

Le récit de ce voyage n'est pas sans intérêt.
La caravane de Wood et de Dawkins avait été
organisée à Damas. Elle était fort nombreuse :
la relation atteste qu'à partir de Quaryétein elle
était composée de deux cents personnes et
d'autant d'animaux « qui faisaient, dit Wood,
un mélange assez grotesque ». Au lieu de se
rendre directement à Palmyre, ils durent remonter vers le nord, probablement par Katcifeh,
pour gagner Hasiyah, à quatre jours de Damas,
sur la route d'Émèse. Dans cette ville résidait
l'*aga*, dont dépendait Tadmor; les usages for-
malistes de la police ottomane exigeaient l'au-
torisation préalable de ce haut fonctionnaire
turc. « L'aga nous reçut », raconte le narrateur
anglais, « avec cette hospitalité qui est si com-
« mune dans ce pays-là parmi les gens de toute

(1) Voir, à la Bibliothèque nationale, les planches remarquables qui accompagnent le récit de Wood.

« condition, et, *quoique extrêmement surpris de*
« *notre curiosité*, il nous donna les instructions
« nécessaires pour la satisfaire du mieux qu'il
« le pouvait. »

De Hasiyah ils descendirent par Sadad, village maronite, sur Quaryétein, suivant, à partir
de ce point, la route ordinaire. Notez qu'ils fran-
chirent d'une seule traite, à cause du manque
d'eau, la distance qui sépare Quaryétein de Palmyre (1).

Wood nous fait connaître ses impressions
d'arrivée dans les termes suivants (2) : « A peine
« eûmes-nous passé ces monuments vénérables
« (les sépultures des Palmyréniens) que, les
« montagnes se séparant des deux côtés, nous
« découvrîmes tout à la fois la plus grande quan-
« tité de ruines que nous eussions jamais vue,
« et derrière ces mêmes ruines, vers l'Eu-
« phrate, une étendue de plat pays à perte de
« vue, sans le moindre objet animé. Il est im-
« possible de s'imaginer rien de plus étonnant.

(1) Il est certain que l'eau nécessaire au grand nombre de
personnes qui les accompagnaient devait réclamer un supplé-
ment considérable de chameliers et de bêtes de somme dont il
ne pouvait qu'être bon de ne pas s'embarrasser.

(2) Robert Wood, *Ruines de Palmyre*. Londres, 1753. A
Wood et à Dawkins il faut aussi rapporter l'honneur des premiers
essais d'épigraphie palmyrénienne.

« Un si grand nombre de piliers corinthiens,
« avec si peu de murs et de bâtiments solides,
« font l'effet le plus romanesque qu'on puisse
« voir. »

Peu à peu, les tribus bédouines devenant plus accommodantes, les voyageurs prirent plus souvent le chemin de Palmyre. En 1787, Volney rendait presque classique ce pèlerinage archéologique en écrivant son livre fameux : *les Ruines*, qui commence par ce morceau emphatique bien connu : « Je vous salue, ruines solitaires, tom-
« beaux saints, murs silencieux, c'est vous que
« j'invoque, c'est à vous que s'adresse ma
« prière, etc. (1)!... »

Plus tard, quand les savants furent complètement familiarisés avec les langues orientales et les caractères *kouffhiques*, on releva un grand nombre d'inscriptions grecques et araméennes gravées sur les colonnes, sur les tombeaux, sur les autels. Grâce aux recherches patientes et savantes de M. Waddington et du marquis de Vogüé, on arriva à reconstruire de toutes pièces l'histoire de Palmyre et à se tirer « du dédale de faits contradictoires que nous ont transmis Zona-

(1) VOLNEY, *les Ruines, ou Méditation sur les révolutions des Empires.* — Invocation.

ras, Zosime, Suidas et les auteurs de l'Histoire
auguste (1). »

Pour ceux qui peuvent consacrer leur temps
aux pérégrinations lointaines, il n'est pas sans
fruit de connaitre par quelles phases a passé l'épigraphie palmyrénienne. Le marquis de Vogüé
raconte (2) que, préparant, en 1853, un voyage
en Syrie, il négligea de consulter les ouvrages
qui se rapportaient aux ruines de Palmyre, sup-
posées d'ailleurs inaccessibles. En compagnie de
MM. de Boisgelin et R. Anisson, il put cependant
organiser une excursion et la mener à bonne fin ;
malheureusement, il perdit un temps précieux,
nous dit-il, à relever les monuments qui étaient
admirablement gravés dans Wood et les inscriptions qui étaient dans le *Corpus*. Il ne put rapporter que deux textes inédits.

De cet aveu modeste, nous avons une leçon
à retenir. Que de fois M. de Vogüé, de retour
en France, n'a-t-il pas dû regretter cet oubli,
lui qui, dès l'époque de son premier voyage
d'Orient, faisait, dans son existence, une si large
part aux travaux d'érudition! Et parmi nous,

(1) Lucien Double, *les Césars de Palmyre* (1877) Avant-
propos.
(2) Vogüé, *Inscriptions sémitiques*. Paris, 1869.

combien se mettent en route sans le bagage, je ne dirai pas scientifique, mais seulement ordinaire, rendant ainsi inutiles pour eux-mêmes (car il n'est pas donné à tout le monde d'être utile aux autres) les fatigues d'un voyage souvent coûteux et pénible !

C'est à M. Waddington, qui visita Palmyre en 1861, que nous devons la copie patiente et laborieuse des nombreux textes visibles épars sur les colonnes, les temples, les tombeaux et les petits autels votifs dont l'usage était si répandu aux deuxième et troisième siècles de notre ère (1).

Si M. de Vogüé n'eut pas la gloire de relever ces précieuses inscriptions (2), il eut celle de les traduire et de les commenter.

Aidé de ces documents, qui donnaient à l'histoire de Palmyre une physionomie nouvelle,

(1) Signalons aussi les résultats du voyage de M. Vignes, qui, en 1865, fit l'excursion de Palmyre d'après les indications de M. de Luynes. M. Vignes rapporta un grand nombre de clichés photographiques, d'estampages et de très utiles relevés topographiques. M. R. Bernoville fit également un voyage qui donna lieu à une publication intéressante et savante : *Dix jours en Palmyrène.*

(2) Presque toutes sont bilingues, écrites en grec et dans un araméen spécial à Palmyre, qui se rapproche de l'écriture hébraïque. Elles sont généralement datées de l'ère des Séleucides (trois cent douze ans avant J.-C.) La plus ancienne remonte à l'an 9 avant Jésus-Christ.

M. Lucien Double publiait, en 1877, une très intéressante *Histoire des Césars de Palmyre*.

Essayons de profiter de ces travaux. N'est-il pas naturel, devant des ruines, de chercher à pénétrer les secrets du passé évoqué par elles?

Que fut donc Palmyre?

Au chapitre x du troisième livre des Rois, la Bible mentionne la fondation de Palmyre par le roi Salomon; elle le répète au chapitre viii du deuxième livre des Paralipomènes : *Ædificavit Palmyram in terra solitudinis.*

Nous sommes au dixième siècle avant Jésus-Christ. La puissance du roi d'Israël est à son apogée; c'est la grande époque du peuple hébreu. La suzeraineté de Salomon s'étend de l'Arabie Pétrée jusqu'au pied du Taurus. Dans la mer Rouge, une flotte servie par les marins du roi de Tyr, le généreux Hiram, apporte aux caravanes du roi l'or de la mystérieuse Ophir. De tous côtés, affluent vers Jérusalem les bois précieux, le marbre, les métaux rares. Salomon achève le temple et ce magnifique palais que l'Écriture appelle la *Forêt du Liban.* Enfin Iahvé vient de lui apparaître : « J'ai examiné, dit-il, votre prière et la « supplication que vous m'avez adressée. J'ai « sanctifié cette maison que vous avez bâtie pour

« y mettre mon nom à jamais : et mes yeux et
« mon cœur y seront toujours. Et vous, si vous
« marchez devant moi comme a marché votre
« père, dans la simplicité du cœur et la droiture,
« si vous faites tout ce que je vous ai commandé,
« et si vous gardez mes lois et mes commande-
« ments, j'établirai à jamais votre trône et votre
« règne sur Israël, selon que je l'ai promis à
« votre père. Mais si vous vous détournez de
« moi, vous et vos enfants, si vous cessez de me
« suivre et de garder les préceptes et les céré-
« monies que je vous ai prescrits, et que vous
« alliez servir et adorer les dieux étrangers,
« j'enlèverai Israël de la surface de la terre que
« je leur ai donnée, je rejetterai loin de moi ce
« temple que j'ai consacré à mon nom. Israël
« deviendra le proverbe et la fable de tous les
« peuples, cette maison sera un exemple et qui-
« conque passera devant elle sera dans la stu-
« peur, et sifflera et dira : Pourquoi le Sei-
« gneur a-t-il ainsi traité cette terre et cette
« maison? »

Il est bon de rappeler ces recommandations :
elles indiquent suffisamment comment devait
s'employer l'activité du roi.

Salomon commença par obéir. Il mit à profit

les largesses de son voisin, le roi de Tyr, pour relever plusieurs villes, Gazer, Béthoron, Balaath, et en fonder d'autres. Parmi ces dernières, on compte Tadmor ou Palmyre : dans quel but?

Le golfe Persique était alors le principal foyer du grand commerce de l'Orient; dès ce moment, la voie des Indes, jalonnée par l'Euphrate, Tadmor et Tyr, avait acquis naturellement une grande importance. Les navires d'Israël, montés par les Phéniciens, après avoir abordé les principaux centres des côtes indiennes, d'où ils rapportaient le précieux bois d'*almug* ou de santal rouge et blanc, destiné à l'ébénisterie de luxe, avaient tout intérêt à recueillir les richesses des côtes intermédiaires que nous appelons aujourd'hui Oman et Bender-Boucheïr.

Remontant l'Euphrate (1) comme certaines caravanes le font encore aujourd'hui, les importateurs antiques quittaient le fleuve en un point aussi voisin que possible des grands centres de commerce. Puis, cheminant dans le désert qui

(1) Depuis Charax, le grand port du golfe Persique et l'ancien entrepôt du commerce maritime de l'Extrême-Orient, à l'embouchure du Tigre et de l'OElœus, à peu près sur l'emplacement actuel de Bassorah.

sépare l'Euphrate du Liban, ils gagnaient Tyr ou Sour, par le pays de Gessyr, ou bien Jérusalem, par la vallée du Jourdain.

Les rares oasis de ces contrées arides leur servaient de lieu de halte et de réapprovisionnement; en particulier, l'oasis des Palmiers, arrosée par deux sources d'une eau légèrement sulfureuse, mais pure et salubre, fut certainement un des principaux (1). Située à cinq jours de l'Euphrate et à quatre jours de Damas (la métropole de l'Aramée du Sud), Tadmor prit peu à peu une importance de premier ordre.

Tel sera, jusqu'au jour de sa chute (quatrième siècle environ après J.-C.), le rôle de Palmyre. Elle avait, au sud de la Palestine, une analogue : Petra. Le point d'arrivée sur l'Euphrate des caravanes venant de Palmyre était peu à peu devenu une vraie ville, Vologésias, qui tira son nom de Vologèse Iᵉʳ, roi des Parthes, contemporain de Néron. Le point d'arrivée venant de Petra était Jorath.

Palmyre avait donc le monopole de la route

(1) Cf. Vogüé, *Inscriptions sémitiques.* Les tables du savant Peutinger (sixième siècle), Heeren, qui a publié, au siècle dernier, de remarquables travaux sur le commerce dans l'antiquité, et surtout les inscriptions relevées par MM. Waddington et de Vogüé, ne permettent pas le moindre doute à ce sujet.

du nord comme Petra avait celui de la route du
sud : de là. son importance.

M. Renan a contesté la fondation de Palmyre
par Salomon. Dans l'*Histoire du peuple d'Israël* (1), il la traite de « fable ». Elle n'a cependant rien d'invraisemblable. Salomon, préoc-
cupé de l'expansion juive, avait dû jeter les yeux
sur l'oasis des Palmiers, qui était, depuis bien
longtemps, un lieu d'échange entre les produits
orientaux et occidentaux. Il était donc naturel
d'y installer une colonie israélite. Secondée par
l'aptitude aux affaires qui distingue le peuple
juif, cette colonie prospéra et se développa. Douze
siècles plus tard, nous la retrouverons à la tête
de toutes les entreprises commerciales. La géo-
graphie des écrivains hébreux, dit le savant phi-
lologue, était *complaisante*. En pareille matière,
une simple affirmation ne suffit pas.

L'Écriture nous dit que Salomon *bâtit* Palmyre,
œdificavit; rien ne prouve cependant que cette
oasis n'ait pas eu, auparavant, une certaine
importance. « Dès avant Moïse, les voyages
« d'Abraham et de Jacob, de la Mésopotamie
« dans la Syrie, indiquent dans cette contrée des

____

(1) RENAN, *Histoire du peuple d'Israël*, t. II, p. 177.

« relations qui devaient animer Palmyre (1). »
Mais le fils de David fut certainement le premier
qui en fit une cité puissante et une place forte :
« il y construisit de bonnes murailles », raconte
l'historien Josèphe, « pour s'en assurer la pos-
« session, et il l'appela Tadmor, qui signifie lieu
« des Palmiers, nom qu'elle porte encore
« aujourd'hui (2). »

N'était-il pas tout naturel de pressentir les
jalousies des rois de Ninive et de Babylone et
d'essayer, aux points extrêmes de la frontière,
d'user leur première énergie? Quand Nabucho-
donosor, quatre siècles plus tard, luttera contre
le roi Joachin pour soumettre Israël, il viendra se
heurter, dit Jean d'Antioche, à Tadmor, « sen-
tinelle avancée ».

Remarquons que l'empereur Justinien, qui

(1) VOLNEY, *État politique de la Syrie*, ch. IX. — Il est presque certain qu'Abraham, venant de Harran, s'arrêta quelque
temps à l'oasis des Palmiers. La migration sémite, venant de
Chaldée en Chanaan et en Égypte par Harran (Carrhes) et
Damas, est aujourd'hui un fait historique. (Cf. RENAN, *Histoire
du peuple d'Israël*, t. I. Paris, 1891.) Néanmoins, l'affirmation,
dans la bouche de Volney, qui veut faire d'Abraham un personnage mythique (voir les longues discussions de son livre, *les
Recherches nouvelles sur l'histoire ancienne*, chap. XIV), est
assez curieuse pour être citée.
(2) JOSÈPHE, *Antiquit. Jud.*, lib. VIII.

mit son orgueil à imiter Salomon, eut aussi la
pensée de faire de Palmyre un boulevard contre
les invasions des Perses. Singulière destinée que
celle de ces deux hommes! Quel rapprochement
à faire entre leur génie et la durée de leurs
œuvres! L'un fut égaré par la volupté, l'orgueil
perdit l'autre. Le premier, « au cœur déjà vieux
et corrompu », eut le malheur, pour plaire à des
courtisanes, de sacrifier à Astarthé et à Moloch.
Le second, en contemplant la superbe coupole de
Sainte-Sophie, s'écriait : « Je t'ai vaincu, Salomon! » Que diraient-ils en voyant la porte de
leurs temples gardée par les mêmes Infidèles?
Quelle leçon! et comme la main qui trace
le cycle des événements de l'histoire doit sem-
bler dure à ceux que ne guide pas, à travers
ce mystérieux dédale, le fil intelligent d'une
Providence !

Palmyre vit donc passer quelques-unes des
richesses exportées à Jérusalem par ordre de
Salomon, dont les revenus annuels se chiffraient
à une centaine de millions, « et qui avait rendu
« l'argent aussi commun à Jérusalem que les
« pierres, et les cèdres aussi nombreux que les
« sycomores qui naissent dans la campagne » :

c'étaient l'ivoire du trône fameux dont il est dit
« qu'il ne s'est jamais fait un si bel ouvrage dans
le monde », les aromates, la cannelle de l'île de
Ceylan, les pierres précieuses, les espèces de ce
bois rare avec lequel on fit les balustrades de la
maison du Seigneur, les harpes et les lyres pour
les musiciens. Peut-être aussi « la reine légen-
« daire venue du pays de Saba foula de son pied
« chaussé d'or les dalles de porphyre et de jaspe,
« pavé des rues de Palmyre (1) ».

De cette époque datent certains débris assez informes, auxquels les archéologues attribuent une
antiquité des plus reculées; mais ils n'offrent
qu'un intérêt secondaire, étant donné leur peu
d'importance. Ils n'ont d'ailleurs aucun rapport avec les célèbres murailles cyclopéennes ou
phéniciennes de Baalbeck, composées de ces
énormes monolithes de vingt mètres de long
sur cinq mètres de haut qui étonnent tant les
voyageurs.

Voilà donc ce que fut le berceau de cette ville,
déjà célèbre il y a presque trois mille ans.

Ce qu'il importe d'observer, c'est qu'avant
d'être un boulevard fortifié, Palmyre fut un

(1) Lucien DOUBLE, *les Césars de Palmyre*, chap. 1er. Il est
vrai qu'aucun document ne fait mention de cette visite.

centre essentiellement commercial. Au moment de son apogée, elle eut une importance analogue à celle que les pays voisins de l'isthme de Suez ont acquise dans la suite. De tout temps, les peuples d'Orient, aussi bien que les Européens, ont compris les avantages qui résultent de la possession de la voie des Indes. Bien des guerres se sont livrées pour la disputer. Jadis, à l'époque brillante de l'empire d'Assyrie, les environs du golfe Persique et l'Euphrate en étaient la clef principale.

Depuis lors, le centre commercial s'est déplacé, mais non les intérêts, qui sont restés les mêmes; que dis-je? les Indes, l'Extrême-Orient ont décuplé l'importance de cette route sur laquelle circulent aujourd'hui les ambitions secrètes des plus puissantes nations de l'Europe. En réalité, l'isthme de Suez semble avoir accaparé à lui seul toute l'attention et toutes les jalousies occidentales. Mais, d'un jour à l'autre, pour une cause quelconque, cette route maritime peut être interceptée. Aussi les Anglais jugent prudent de la doubler : « La Syrie », dit le général Niox, « est la clef des Indes pour les routes de « terre comme l'Égypte en est la clef pour les « routes maritimes. Lorsque Bonaparte, déjà

LE TEMPLE DU SOLEIL, EXTRÉMITÉ NORD-OUEST
(État actuel.)

« maître de la vallée du Nil, rêvait en 1799 de
« poursuivre ses gigantesques projets pour
« atteindre la puissance anglaise dans les Indes,
« il commença par la conquête de la Syrie (1). »
Lentement, mais à coup sûr, les Anglais occupent
les principaux points de ces deux routes ; aujour-
d'hui, c'est Chypre, demain, l'Égypte. Gagnant
peu à peu les anneaux de cette chaine dont ils
tiennent déjà les deux bouts, ils feront beaucoup
pour la posséder tout entière. Je pense qu'ils
rencontreront de fortes oppositions de la part des
puissances, qui commencent à voir clair dans
leur jeu. Mais nul doute qu'il n'y ait beaucoup à
faire pour les en empêcher, nos voisins étant
passés maîtres dans l'art de saisir l'occasion.

Comme toutes les villes indépendantes et
cosmopolites, Palmyre profita, pour s'accroître,
de la chûte des cités voisines. Sur ce noyau
essentiellement commerçant, c'est-à-dire flottant,
nomade, les révolutions voisines n'eurent pas
de prise. Au contraire, elles lui attirèrent un

(1) Aujourd'hui, les Anglais songent très sérieusement à faire
partir de Kaiffa (près du Mont Carmel), sur la côte, un chemin
de fer destiné à être prolongé vers le Haouran et l'Euphrate. La
concession de la ligne Beyrouth-Damas est entre des mains
françaises.

certain nombre d'étrangers, désireux de jouir en
paix de leurs richesses dans un excellent climat.

« Plus tard, dit M. L. Double (1), les Juifs en
« perdirent la domination; des Grecs d'Asie
« Mineure, quelques tribus sémitiques d'Arabes
« vinrent successivement s'y établir; des Perses,
« des Arméniens, des Indous même y furent
« attirés par un renom de richesses. Toutes les
« caravanes arrivant du nord de l'Asie Mineure,
« des côtes de Syrie ou d'Égypte, s'y arrêtaient
« avant de franchir les grands déserts qui sépa-
« raient cette dernière limite de la civilisation
« grecque des régions mal connues des Parthes
« et des Indous. Les tribus arabes des alentours
« venaient s'offrir pour escorte aux voyageurs
« d'Occident; mais chaque caravane, chaque
« troupe d'Arabes laissait à Palmyre quelques-
« uns de ses membres, et, sous les empereurs
« romains du deuxième siècle, Palmyre se disait
« déjà la rivale d'Alexandrie et la Rome de
« l'Orient.

« Une oasis alors florissante entourait la ville,
« toute de marbre, de porphyre ou de beaux
« blocs de marbre travaillés à grands frais; un

(1) Lucien DOUBLE, *les Césars de Palmyre,* chap. 1ᵉ.

« peuple de statues ornait ses temples et ses
« rues; son sanctuaire du Soleil, celui du dieu
« Lunus, éclipsaient les temples célèbres de
« Delphes et d'Éphèse ; ses femmes, fières et ten-
« dres à la fois, nées du mélange des races de
« Grèce et d'Asie, passaient pour les plus belles
« de l'Orient; l'or s'y gagnait facilement et s'y
« dépensait de même. Place d'entrepôt, dans,
« une situation unique, aux confins de deux
« mondes, le monde civilisé et le monde barbare,
« Palmyre ne pouvait craindre de rivale : le dé-
« sert de Syrie n'avait qu'une seule Palmyre,
« comme le ciel n'a qu'un soleil. »

II

LE TEMPLE DE BAAL.

A toutes les époques, dans tous les pays, la conception d'un temple a été l'idée maîtresse des systèmes architectoniques. Cela provient probablement de ce que le sentiment religieux a besoin d'une manifestation *collective*. Toujours est-il que, chez les anciens, la construction d'un édifice élevé en l'honneur de la divinité fixait pour les siècles l'expression la plus haute de l'art. Ils le considéraient comme le prototype de leur architecture, le résumé de leur science, de leur goût, de leur luxe même. De là ces édifices, l'admiration de l'antiquité : Karnak, Edfou, Jérusalem, Éphèse, Héliopolis et tant d'autres ! Leurs restes étonnent encore !

Palmyre subit la loi générale : elle eut son temple. Ses habitants, riches, élégants, vaniteux, ne demandaient à l'architecte qu'à dépasser les magnificences connues. En l'honneur du dieu Soleil, nouvel Apollon-Phœbus « représenté sous la forme d'un jeune homme, la tête ornée de rayons et monté sur un char traîné par de fantastiques griffons », ils élevèrent un monument superbe qui devait attirer dans leurs sables les visiteurs du monde entier.

A Palmyre, en effet, on adorait le Soleil, Baalsamin, le dieu *bon* et *miséricordieux*, qui est aussi le dieu central et unique. A lui se rapportaient, par l'intermédiaire des dualités secondaires, Malakbel et Aglibol, Bel et Jahribol, les vœux, les autels, les temples. Comme le Sérapis égyptien, qui a pris rang dans l'interminable galerie des dieux gréco-romains, il a sur la tête une corbeille, attribut solaire et symbole de supériorité. Baalsamin, dit le marquis de Vogüé, est le *dernier reflet de la révélation première* (1).

Malakbel, c'est le soleil vainqueur des ténèbres de la nuit; Aglibol, c'est le dieu lune, dieu mâle, dieu guerrier, qu'on représente, comme son parèdre Malakbel, avec une tunique courte, une cuirasse, une chlamyde agrafée sur l'épaule droite, une lance à la main et des brodequins

____

(1) Vogüé, *Inscriptions sémitiques*, p. 62 et suiv.

aux pieds : tous deux sont dieux de la guerre, du combat, de la lutte.

Bel est aussi un dieu solaire, et Jahribol, un dieu lunaire, mais ils se présentent à l'adoration avec un caractère de douceur, de bienveillance et d'aménité que n'ont pas les formes précédentes : ce sont eux qui présideront à la succession des temps et aux destinées humaines. Jahribol est aussi un dieu mâle. On l'a rapproché de l'Atys phrygien, l'amant de Cybèle, déesse de la terre, et du dieu Lune de Carrhes en Mésopotamie. Bel et Jahribol sont peut-être les dieux de la paix.

Ce qui est certain, c'est l'influence réciproque, le mélange et souvent la fusion très intime des courants religieux qui entraînaient toute cette partie de l'Orient vers un culte à base foncièrement monothéiste, malgré les manifestations secondaires qui nous semblent varier à l'infini.

Le dieu Baalsamin résume bien, en effet, la théogonie palmyrénienne. Mais rien ne s'oppose à l'expression des dévotions particulières à l'endroit des divinités inférieures. Ainsi le montrent les inscriptions. Shemesh, une autre forme du soleil, la « Fortune heureuse », déesse à laquelle la nature humaine sacrifie instinctivement, Athargatis, la divinité syrienne portée sur un lion et symbolisant les forces productives de la nature, l'Astoreth ou Vénus Astarté, la déesse Allath, divinité femelle, compagne d'El, qui se dédouble, suivant l'ordonnance mythologique des dieux sémitiques, et bien d'autres encore ont des mentions honorables sur les stèles qu'on rencontre dans le cimetière musulman ou sur les colonnes des anciennes rues. D'ailleurs, il est remarquable que Palmyre, rendez-vous de tous les peuples d'Orient, présente, au point de vue des religions, qui sont venues se souder aux cultes autochtones, une confusion sans précédent. Il nous arrivera souvent de revenir sur cette constatation qui frappe déjà lorsqu'on parcourt les *Inscriptions sémitiques.*

Les Palmyréniens avaient l'usage de petits autels votifs utilisés sans façon par les Bédouins d'aujourd'hui pour décorer leurs cimetières ou indiquer la place de leurs tombes. Que de renseignements précieux ils fournissent! A côté d'une dédicace à Baalsamin, le Dieu-Soleil, M. Waddington a copié des formules araméennes consacrées à *celui dont le nom incommunicable est béni dans l'éternité,* à l'Être bon et miséricordieux par excellence, qui veut le salut de ses adorateurs et de leurs enfants. La trace de la théologie israélite ou chrétienne est-elle douteuse? L'une d'elles a même sa dernière ligne (1) encadrée par deux initiales cruciformes, deux X, symbole chrétien de la plus indiscutable authenticité.

Quoi qu'il en soit, c'est à Baalsamin, le Jupiter Tonnant de Palmyre, que le grand temple de la ville sera dédié. Avec lui, d'ailleurs, se consacrera le principe monothéiste affirmé par la plus grande partie des habitants de la ville, Arabes, Juifs, etc... Qu'importe, d'ailleurs, à la foi souple des Grecs, la divinité en l'honneur de laquelle on élèvera des temples, pourvu qu'ils en soient les architectes et les constructeurs?

Le temple du Soleil sera donc le terminus des efforts artistiques de Palmyre, et il marquera le sommet de cette courbe dont la branche descendante fera une chute si brusque, si inattendue...

Mais Palmyre ne construira son temple qu'au moment de sa grande prospérité, c'est-à-dire sous la domination d'une famille arabe dont elle a tiré ses stratèges et ses princes : les Odenath.

L'évolution de Palmyre, commencée depuis

(1) Vogüé, *Inscriptions sémitiques*. Lire l'intéressante discussion de la page 55.

onze ou douze cents ans, s'achève alors paisiblement. Tout est pour le commerce et les arts. La
Grèce a trouvé là un facile débouché pour sa
pléthore de philosophes sans chaire et d'architectes sans travail : elle en abuse. Elle sait que
la situation et le sol de Palmyre ne permettent pas
d'autres dépenses que la construction ; un peuple
de négociants, si éloigné d'Athènes, ne doit pas,
d'ailleurs, y regarder de si près. La Grèce eut
raison : pourvu qu'on leur bâtit les plus luxueux
palais et les plus vastes temples qui soient au
monde, les Palmyréniens se déclarèrent satisfaits.

Ce ne fut pas cependant sans exciter l'envie et
la cupidité de Rome. A plusieurs reprises, des
consuls ou des empereurs étaient venus troubler
la sérénité de leur beau ciel. Un jour, entre
autres, le farouche Marc-Antoine, l'amant de
Cléopâtre, passant en Syrie avec ses légions,
marche droit sur Palmyre. Il comptait, sans
doute, sur les trésors « enfouis dans le sable »
pour satisfaire les goûts dispendieux de la reine
d'Égypte. Les Palmyréniens, incapables de se
défendre, chargent leurs bêtes de somme d'objets
précieux et s'enfuient derrière l'Euphrate, em-
portant leurs « tétradrachmes ». Les légions de
Marc-Antoine, déçues, revinrent les mains vides.

La violence n'avait rien pu obtenir : les flatteries de l'empereur Adrien furent plus heureuses. Adrien était un vrai charmeur. Il visita Palmyre et prodigua les bonnes paroles à ses habitants. Vivement touchés, ceux-ci proclamèrent dieu « leur hôte impérial » et donnèrent à leur ville le nom d'Adrianopolis (1). La bonté d'Alexandre Sévère, Syrien d'origine, fit le reste.

Au commencement du troisième siècle, Palmyre est donc une véritable colonie de Rome; elle en subit l'influence. Sa politique extérieure a changé d'orientation; elle dédaigne maintenant les Parthes et les Perses, pour suivre de près tous les événements qui agitent l'empire romain, n'attendant que l'occasion d'y prendre part.

La Palmyrène n'a pas de limites fixes, déterminées, conventionnelles. Les nomades du désert de Syrie errant, comme aujourd'hui, entre l'Euphrate et l'Oronte, en sont une partie intégrante. De Damas à l'ancienne Babylone, les tentes noires, à poil de chameau, éparses sur le sable, forment la ceinture flottante de cette vierge de marbre dont les Arabes sont les gardiens farouches. Eux là, personne n'osera toucher aux

____

(1) C'est probablement à ce moment (130-131 après J.-C.) que Palmyre reçut le *jus italicum*.

palais, aux temples, à toutes ces choses de l'art qu'ils respectent sans comprendre. Qu'ils s'éloignent, et une main civilisée portera le premier coup sur les merveilles édifiées à tant de frais !

Le gouvernement de Palmyre (1)? Diverses fluctuations ont amené au pouvoir le représentant d'une famille arabe, Septimius Odenath, homme riche, puissant, honnête, respecté, original, à la fois patriarche et despote, négociant enrichi et grand seigneur.

La forme républicaine a vieilli : peut-être y a-t-il encore apparence de consultation d'une sorte d'assemblée que, par amour pour Rome, on appelait : « Senatus Palmyreniensis », mais l'insouciance des Orientaux trouve cet appareil bien compliqué. Héritier des richesses accumulées par ses ancêtres, les Hairan, les Waballath, les Nassor, Odenath est vraiment prince de Palmyre et règne en maître absolu.

Rien ne manque donc à la « Reine du désert ». Elle a son roi, ses palais, ses trésors, sa

(1) Jusqu'à l'arrivée au pouvoir de Septimius Odenath, l'administration municipale était organisée sur le modèle des autres colonies romaines : le Sénat et le peuple exerçaient le pouvoir législatif et deux ou quatre magistrats (stratèges) le pouvoir exécutif.

renommée : elle peut construire son temple.

Avec quelle hâte anxieuse nous nous dirigions, au lendemain de notre arrivée, vers le temple du Soleil, dont le nom rappelle les impressions de Baalbeck... Disons-le tout de suite : on ne peut comparer entre eux le temple de Baalsamin à Palmyre et le temple de Baal à Héliopolis. Ce n'est ni le même art, ni le même goût, ni la même disposition.

Le plan du grand temple d'Héliopolis se rapproche beaucoup du plan égyptien. Les Pylônes de Karnak deviennent les Propylées avec leurs ailes. Le « Dromos », l'avenue, se transforme en cours entourées de cloîtres où sont, comme à Edfou, les habitations des prêtres ; et tout au fond, le « Pronaos », précédant « le Naos » ou la *Cella* réservée aux idoles et aux sacrifices secrets. Rien de semblable à Palmyre. L'architecte s'est rapproché de la disposition adoptée, pour le tabernacle, par Belséel et Oliab, développée et agrandie plus tard par Salomon pour le temple de Jérusalem : une vaste cour carrée autour de laquelle le peuple circule à l'ombre sous les colonnades, susceptibles de recevoir des décorations variées ; au centre de cette cour, un

LE TEMPLE DU SOLEIL EN 1741

A. La cella. — C. Mur septentrional extérieur. — G. Restes d'un temple supposé consacré à Diane.

temple de dimensions relativement restreintes, le plus souvent *périptère*, c'est-à-dire entouré d'un portique sur lequel la *cella* prend jour.

A Jérusalem, le formalisme mosaïque avait amené la division de la cour en plusieurs enceintes : la première était réservée aux Gentils, la deuxième aux Israélites, la troisième aux prêtres et aux lévites. Au centre de cette dernière, qu'on appelait le parvis des prêtres, derrière l'autel des holocaustes et la Mer d'Airain, s'élevait enfin le temple proprement dit, avec son large vestibule, le *saint* et le *saint des saints*. Ces divisions, un peu subtiles pour celui qui ne connaît pas le Lévitique, témoignent d'un sentiment profond de la hiérarchie religieuse ; elles n'avaient aucune raison d'être dans les pratiques de cette sorte de sabéisme qui était la religion populaire de Palmyre.

Ici point d'enceintes spéciales ou de galeries particulières ; le culte du Soleil n'avait pas besoin d'initiation progressive. Baal éloigne indistinctement du lieu des sacrifices ceux qui ne sont pas admis à y prendre part : le peuple reste en dehors, dans la cour, prosterné devant le monument qui renferme l'image du dieu. Aussi le temple, relativement petit, est-il simplement entouré d'une vaste cour carrée dont chaque côté mesure au moins deux cent cinquante mètres de long. Dans cette cour, qui est plutôt un lieu de réunion et de promenade que le vestibule d'un temple sacré, se donnaient rendez-vous les représentants de toutes les races qui affluaient à Palmyre. On y causait de ses affaires, chacun pouvait même, sous les hauts portiques, tout en circulant, traiter des opérations de son négoce. Quelques-uns se reposaient près de grands réservoirs pratiqués en face du temple, assis ou couchés à l'orientale, attendant l'heure des cérémonies religieuses ou tempérant, par des ablutions fréquentes, les ardeurs de ce climat torride.

Une notable partie du grand mur d'enceinte, haut d'une quinzaine de mètres, existe encore, appuyée sur une plate-forme de beaux blocs bien taillés qui défient les siècles. Ces blocs exhaussaient le temple, qui dominait ainsi la ville et le désert. Au-dessus des palmiers de l'oasis, le toit de la « cella » devait briller au soleil, salué de loin par les caravanes, les guidant même à travers la « mer de sable », comme le globe d'or qui surplombait le temple de Diane, à Éphèse, dirigeait les navigateurs venant de Chio et de Samos.

Partout l'art grec : dans ces pilastres, dans ces

colonnes engagées dans la maçonnerie, ces fausses fenêtres, cette frise sculptée. Un grand nombre de niches sont pratiquées dans l'épaisseur du mur d'enceinte, à l'intérieur de la cour, pour recevoir les statues que le peuple de Palmyre aimait tant. La statuaire est un art délicat, difficile, souvent ingrat, mais l'architecture qui en abuse est en décadence : la profusion de statues dans les temples ou les palais est le *criterium* presque certain d'un goût moins pur. On cherche l'effet non plus dans l'harmonie des proportions et la simplicité majestueuse des lignes, mais dans l'étalage des décorations.

Il faut bien le dire, Palmyre marque la fin d'une époque, d'un style : le néo-corinthien est la fin de l'art grec comme le néo-gothique sera la fin de l'art ogival. Ici, des sculptures à l'infini, véritables dentelles de pierre ajourant l'édifice, mais masquant l'idée ou plutôt l'absence d'idée; là, des statues à chaque pas, dans les temples, dans les rues, sous les portiques, sur les tombeaux : à chaque colonne un piédestal, dans chaque mur une niche, sur chaque architrave un socle. Peuple immobile au milieu d'un peuple agité, ce monde de pierre regardait l'autre pour en fixer la physionomie, les mœurs, les costumes, mais les siècles ne lui ont pas fait quartier : dans les souterrains de l'ancienne nécropole, les têtes de marbre fendues, le nez écrasé, roulent péle-mêle avec la poussière des os...

Une triple porte de dix mètres de haut, précédée d'un large portique de colonnes corinthiennes auquel on accédait par un escalier monumental, fermait la grande entrée du temple, à l'ouest, regardant la ville. Les restes attestent la majestueuse ampleur de cet ensemble, profondément bouleversé. L'escalier n'est plus qu'un monceau de décombres, le portique est une tour arabe où une main passagère a substitué bizarrement l'ogive sarrasine à la rigidité de la ligne grecque, enfin une porte unique, massive, bardée de fer, tourne bruyamment dans les gonds d'une des trois portes de bronze qui s'ouvraient jadis à deux battants, aux grands jours de sacrifices, devant les prêtres de Baal.

Avec un peu d'imagination, on peut reconstituer la cérémonie.

« Je vois, disait Ginoux, les prêtres de Malakbel avec leurs ornements écarlate et hyacinthe, couverts de topazes et d'émeraudes, gravir lentement les propylées, derrière le grand pontife de Baalsamin. Les sonnettes d'or, attachées aux *éphods*, suivant la mode juive, marquent la cadence processionnelle du cortège. Septimius Odenath Ier marche en téte : il porte un casque de fer et une chlamyde de pourpre jetée à la romaine sur ses épaules ; à côté de lui, des canéphores aussi jeunes que belles, portent les corbeilles sacrées. La grande cour du temple, les portiques, les rues, les colonnades regorgent de monde, artistes, négociants, banquiers, nègres, persans. Au dehors, les Arabes, enveloppés dans leur grand manteau blanc, montent la garde...

« Écoutons l'écho de ces vieilles murailles, où devait résonner l'incantation chaldéenne : « Soleil, dans le plus profond des cieux, tu brilles, tu ouvres les verrous qui ferment les cieux élevés, tu ouvres la porte du ciel. Soleil, vers la superficie de la terre tu tournes ta face ! Soleil, tu étends au-dessus de la superficie de la terre, comme une couverture, l'immensité des cieux !... » Et les prétres, précédant le grand sacrificateur à la tiare d'or, vont s'enfermer dans la *cella* pour consommer les mystères sacrés... »

Je ne saurais préciser les exigences de Malakbel. Il n'eut certainement pas les cruautés de Moloch ou de Brahma, ni les originalités de son collègue Mithra : on se rappelle ces singuliers *tau-*

roboles, où le sang de la victime immolée sur une pierre percée de trous coulait sur le corps du pénitent. A Palmyre, le judaïsme paraît avoir influé particulièrement sur les manifestations religieuses; les sacrifices devaient consister en hécatombes de bœufs ou de béliers couronnés de fleurs, de chèvres, d'oiseaux, etc. Sous ce rapport, comme sous tant d'autres, bien des invraisemblances, des contradictions, des anachronismes devaient sortir de ce curieux mélange de races et de religions. Ici, à côté du pontife du soleil, le rabbin juif lit, dans la synagogue, les préceptes de la *Thora;* à côté de l'Athravan, disciple de Zoroastre, qui entretient le feu sacré sur sa tour de marbre et offre à Ormazd des rameaux et des viandes cuites, le ministre d'une nouvelle religion, toute mystérieuse, à peine connue, offre à son Dieu une *hostie pacifique,* non sanglante, présentée à l'homme sous la forme extérieure de sa nourriture privilégiée.

Toutes ces religions, si différentes d'aspect, ont un caractère commun : elles *sacrifient.* Pour ceux qui aiment à chercher les causes des phénomènes, il y a de quoi philosopher à perte de vue. Notre *ami* Volney ne s'en est pas privé. Je demande pardon, une fois pour toutes, d'exhu-

mer, à tout moment, ces malheureuses *Ruines,*
que j'ai l'air de tirer des rayons poudreux d'une
bibliothèque pour les torturer à mon aise : il en
est ainsi de tous les documents qu'on a tournés
et retournés pendant un long voyage; l'esprit
s'en imprègne au point de croire qu'ils sont pour
tout le monde chose courante. J'ai pour excuse
que, si Volney a vieilli, ses théories ont été singulièrement rajeunies : « Ayant éprouvé, dit-il,
« que certaines pratiques envers ses semblables
« avaient l'effet de modifier à son gré leurs
« affections et de diriger leur conduite, il
« (l'homme) emploie ces pratiques avec les êtres
« puissants de l'univers; il a dit : Quand mon
« semblable, plus fort que moi, veut me faire du
« mal, je m'abaisse devant lui et ma prière a
« l'art de le calmer. Je prierai les êtres puissants
« qui me frappent, je supplierai les intelligences
« du vent, des astres, des eaux et elles m'enten-
« dront, je les conjurerai de détourner les maux,
« de me donner les biens dont elles disposent, je
« les toucherai par mes larmes, je les fléchirai
« par mes dons et je jouirai du bien-être. »

Cercle vicieux évident. Cela n'explique en rien
pourquoi « l'intelligence » du vent, des astres,
des eaux veut me « frapper » et me faire du mal.

Que me veut-elle ? Pourquoi est-elle irritée ? Suis-
je criminel ou fils de criminel ? On en vient alors
à aborder de front la question de l'origine et de
la transmission du mal : ce n'est pas d'aujourd'hui
que la science est obligée de recourir à l'atavisme
pour donner le pourquoi raisonnable de certains
phénomènes.

Tout en causant, nous avions franchi la grande
porte richement sculptée. Derrière elle s'allonge,
vers le temple proprement dit, vers le « Naos »,
une ruelle tortueuse, étroite, malpropre. Des
hommes, des femmes en haillons, des enfants
nus vont, viennent, causent, flânent. Les uns
fument le narghilé, les autres vaquent aux soins
du ménage ; presque tous font pitié, les femmes
surtout, pauvres êtres sans grâce ni beauté,
étranges sous leurs maquillages noirs et bleus,
avec leurs gros anneaux de cuivre dans le nez et
les oreilles, leurs ongles jaunis par le *henné*, leurs
loques sordides. Elles tendent la main : *Bagchich !...*

Lasses de la vie errante, espérant trouver dans
l'oasis des Palmiers de quoi nourrir leurs chameaux et leurs moutons, une trentaine de familles
arabes se sont un jour détachées de la grande

souche nomade. Les hauts murs de l'ancien temple semblant leur promettre un abri suffisant contre les rapines de leurs frères les Bédouins, elles ont élevé, dans la grande cour, quelques huttes faites de boue et de débris de marbre. Et la misère est venue se fixer au lieu même où s'étalaient jadis les splendeurs des cérémonies de Baal.

— Où sont vos prêtres et vos canéphores, docteur?

Dès l'entrée dans la cour du temple, le contraste est frappant. Pour le rendre plus vif encore, un pauvre Arabe, accroupi près d'un carrefour, vieux comme le Temps qu'il symbolise et dont il compte les « battements », a les yeux fixés sur un sablier qu'il tient religieusement dans les mains : c'est l'horloge du village. Du lever au coucher du soleil, il est là, dans la même position, tournant et retournant consciencieusement son appareil et donnant l'heure aux rares fellahs qui la lui demandent. « Vraiment, observa Contenson, qu'ont-ils besoin de mesurer le temps? Est-ce que, pour eux, demain ne ressemblera pas à aujourd'hui?... »

Les fellahs encombrent les colonnades dont

ils ont totalement changé la physionomie, mais
ils ont à peu près respecté le temple, qui s'élève
juste au milieu de la grande cour. La *cella*,
réservée à la statue du Soleil et aux sacrifices, est
relativement assez étroite, mais l'entrée en est
superbe : certains détails de sculpture, encore
parfaitement conservés, témoignent de la richesse
des décorations répandues ici à profusion par le
sculpteur ; le corinthien domine. Au-dessus de la
porte, plane un aigle de marbre aux ailes déployées, trace évidente de l'influence perse.

Cette riche *cella* est maintenant la mosquée du
village avec un tapis misérable et un *mirhab*
boiteux. A chacune de ses extrémités, à droite et
à gauche, s'ouvrent deux chambres séparées ;
sur le plafond de l'une d'elles on voit encore les
douze signes du zodiaque chaldéen. Et partout,
des fragments d'étoiles sculptées. Sous le beau ciel
de Syrie il n'est pas extraordinaire que l'astro-
logue ait remplacé l'augure et l'aruspice ; ces
chapelles secrètes, adossées à la pièce principale,
lui étaient réservées. Il serait intéressant de
savoir quelle destinée l'astrologie a prédite à
l'orgueilleuse Palmyre : les astres parlaient-ils
comme le vol des oiseaux et les entrailles des
victimes sacrées?...

Pour avoir une vue générale du temple et se rendre compte de son plan d'ensemble, il faut monter sur les toits du village. Comme partout en Syrie, les toits sont plats; c'est là que pendant les chaudes nuits d'été les habitants viennent chercher un peu d'air et de repos. Moyennant *bagchich*, nous errons où bon nous semble, franchissant les ruelles ou les parapets qui servent de séparation à chaque case, enjambant ici ou là un bloc sculpté, un fragment de corniche ou de chapiteau. Les fellahs poursuivent l'œuvre commencée par l'empereur Aurélien et continuée par une bande de Sarrasins qui avaient trouvé bon, vers le septième siècle, de transformer le temple en forteresse. « On s'étonne », dit avec raison M. de Ségur, « à la vue de cette destruction, « que tant de monuments soient encore de- « bout (1). »

Nous nous arrêtons sur le mur d'enceinte qui regarde le nord. C'est la partie la mieux conservée de l'édifice. De là-haut, la vue embrasse une grande partie des ruines : tout près, le temple; plus loin, à gauche, la grande colonnade, précédée de son magnifique arc de triomphe, les restes

(1) *Revue des Deux Mondes*, t. XXXIII, 1861

de l'église chrétienne, un charmant petit temple précédé d'un portique ; en face, la haute colonne d'Aalamei, un peu de verdure, des palmiers ; comme fond de tableau, le désert.

Quelques buées légères s'évaporent lentement, faisant voir, par plaques, un beau ciel bleu foncé ; le soleil, voilé depuis le matin, se dégage peu à peu, éclairant, dorant plutôt les ruines, qui prennent une couleur orange très douce.

Je ne suis pas près d'oublier ce spectacle...

Vous ne vous douteriez jamais de la conclusion qu'en a tirée Volney, « assis sur le tronc d'une « colonne, le coude appuyé sur le genou, la « tête soutenue par la main, tantôt portant ses « regards sur le désert, tantôt les fixant sur les « ruines et s'abandonnant à une rêverie pro- « fonde (1) ... » La « contemplation des soli- tudes », comme il dit assez plaisamment, « l'a aidé à interroger l'universalité des peuples..., etc. » Que va-t-il sortir de cette imposante consulta- tion ? Ceci : qu'une barrière inviolable doit sépa- rer le monde des chimères et le monde des réali- tés, c'est-à-dire que la morale va *désormais* s'appuyer sur des principes absolument nouveaux

______

(1) Volney, *les Ruines.*

SOFFITE D'UNE DES CHAPELLES LATÉRALES DE LA CELLA DU TEMPLE DU SOLEIL
(D'après un dessin de WOOD, 1753.)

dont les ruines de Palmyre donnent l'intuition nette, claire, infaillible, sur les principes qu'on appelle « physiques » : on devine ce qu'il entend par là...

Je serais bien étonné que Volney se fût embarqué pour la Syrie sans les avoir dans ses bagages. A notre grande confusion, nous n'avons rien trouvé de semblable. Dieu est témoin, cependant, de notre bonne volonté!

Mais il est certain que les ruines d'un temple amènent aux réflexions sérieuses, sinon bien neuves. Sans doute, comme le dit le vicomte Melchior de Vogüé du clair de lune à Baalbeck, « le thème est usé et banal ». Malgré tout, on ne peut pas s'empêcher d'en broder quelques variations. C'est ce que nous faisions aussi, sur notre coin de mur.

A nous cinq, nous pouvions former, comme dit Joseph de Maistre dans les *Soirées,* une « symposie », sans comparaison, bien entendu, avec les acteurs d'antan. Cependant, si notre balcon n'ouvrait pas « sur un cabinet de livres propre à nous conduire à de sublimes méditations », le soleil de Palmyre et la grande colonnade valaient bien le clair de lune de la Néva et « les deux quais de granit alignés à perte de vue ».

7.

Et je pourrais reproduire dans ces moindres détails les débats de cette mémorable « symposie ». Je ne l'oublierai pas plus que le spectacle. Je me rappelle surtout une discussion dont une page du vicomte Melchior de Vogüé fit tous les frais. La lutte fut chaude...

— En attendant le *pilaf*, avait dit Ginoux, relisons donc, dans la *Syrie* (1), le passage inspiré à M. de Vogüé par les temples de l'antiquité ; le moment est bien choisi...

Inutile de dire toute notre admiration pour le charmant écrivain. Son *Voyage au pays du passé,* que Contenson nous avait fait connaître, était un de nos meilleurs guides. Le volume était tout jauni, tout écorné : il y a des pages que nous savions presque par cœur ! « L'avenir, dit Victor Hugo, est aux hommes de style. » L'esprit des jeunes, surtout, s'ouvre tout naturellement aux idées transmises par le canal d'une expression séduisante.

De Nattes, ouvrant le volume, voulut bien nous lire ce joli passage : « S'il est vrai que toute « civilisation soit harmonique et se développe « avec une égale puissance dans toutes les direc-

(1) Palestine, Syrie, Mont Athos. *Voyage au pays du passé,* par le vicomte Melchior DE VOGÜÉ. Paris, Plon, Nourrit et Cⁱᵉ.

« tions, que les forces matérielles ne soient que
« la résultante des forces intellectuelles et
« morales, que sommes-nous, grand Dieu, en
« comparaison de nos aïeux, et qu'est-ce de notre
« progrès prétendu? La vapeur, l'électricité,
« tous agents mécaniques que nous supposons
« nouveaux et dont nous sommes si fiers, que
« nous appliquons uniquement aux conquêtes
« industrielles, les avons-nous jamais mis au
« service de l'art et de la pensée religieuse avec
« une pareille puissance, leur avons-nous jamais
« demandé les efforts que ces peuples réalisaient
« avec des instruments inconnus et sans doute
« moins parfaits? De même que nos arts dégé-
« nérés ont déchu de cet art magnifique, l'intel-
« ligence qui concevait ces prodiges et la volonté
« qui les exécutait ont-elles diminué dans nos
« sociétés énervées?

« Et aussitôt l'irritante question de se poser
« avec toutes ses angoisses : si ces efforts phy-
« siques prodigieux étaient en raison directe de
« la dynamique morale, de la foi qui les soute-
« nait, cette foi n'était-elle pas plus solide et
« plus vive que la nôtre? . . . .
« . . . .
« Mais alors qu'advient-il de nos certitudes

« devant ces splendeurs importunes? Que de
« défis et de mystères dans leur ironie muette!
« . . . .

      « Après le trouble que ces méditations font
« naître, vient par bonheur l'apaisement
« qu'engendre la majesté religieuse de l'heure,
« du lieu, des souvenirs. . . . .
« . . . .

      « Ainsi la vérité doit poursuivre sa route dans
« le temps autour de l'esprit humain, illuminant
« tour à tour ses faces multiples. Les formes
« passent, reviennent, disparaissent. Dieu reste,
« gardant sa paix aux hommes de bonne volonté
« . . . . »

C'est, en effet, un fort joli passage. Il est à lire
en entier. On devine la saveur particulière de ce
sujet de méditation devant les ruines qui auraient
pu l'inspirer.

Mais il y avait, dans ces lignes, de gros orages.

M. de Vogüé n'a point voulu faire là une *thèse*,
il a simplement esquissé un aperçu élégant, un
peu mélancolique, à propos de la foi qui soulevait
les montagnes de l'antiquité païenne et du scepticisme moderne qui se rit de tout. Cette comparaison, il l'avoue lui-même, le trouble. Je
connais aussi des esprits que ces redoutables

points d'interrogation ont inquiétés; n'ayant point, comme l'éminent académicien, ou assez de ressources ou assez de temps pour réfléchir, ils ont préféré en rester au doute. « Les formes « passent, reviennent, disparaissent... », disent-ils, et les formes modernes sont inférieures aux formes antiques!...

J'en conviens. « L'épreuve est lourde » pour les intelligences logiques. Je me demande si le « que sais-je? » n'est pas pire et plus énervant que la négation absolue.

Essayons de dégager la pensée de l'auteur de sa forme littéraire, et précisons. Il me semble qu'elle va se révéler ainsi :

Les grandes ruines, Héliopolis, Palmyre, etc., attestent que l'antiquité a mis au service de son idée religieuse une force intellectuelle et une puissance morale dont nous sommes incapables. De plus, les splendeurs passées avec lesquelles nos œuvres ne peuvent soutenir la comparaison témoignent chez les anciens d'une « foi » bien autrement vive que la nôtre. Conclusion : que devient la source de nos certitudes? Que devient le principe de tout ce qui fait notre vie sociale et morale, c'est-à-dire nos mœurs, nos habitudes, nos lois, notre art? Que faut-il penser du milieu dans lequel notre civilisation s'est développée? En un mot, quelle figure font nos cathédrales devant les temples de Baal et de Jupiter? Que sont, auprès des assises robustes de la croyance antique, les fondements légers de la foi moderne?

La réponse est facile; nous sommes en présence d'un fait matériel. Car, pour être justes, nous devons établir le parallèle sur deux termes comparables et ne pas mettre dans l'un des plateaux de la balance toute une période de plusieurs centaines d'années et jeter seulement dans l'autre un coin de notre dix-neuvième siècle. Il faut opposer l'un à l'autre des *résultats d'ensemble*.

Or, il nous semble que Notre-Dame de Paris, Saint-Pierre de Rome, les cathédrales de Reims, Bourges, Rouen, Chartres, Amiens, Cologne, Vienne, Milan et tant d'autres (car la liste est indéfinie), feront très honorable contenance devant les proportions colossales des monuments de l'art gréco-oriental. L'Europe a le droit d'en être fière. S'imagine-t-on la somme d'efforts et de travaux enfouis dans les édifices qui reposent sur des assises de quatre cent cinquante pieds de long supportant des voûtes de cent vingt pieds de haut, et le génie dépensé pour faire voler jusqu'à deux cent cinquante pieds dans les airs ces flèches, ces tours qui semblent défier les siècles et les vents?

Vous parlez de la finesse des détails de l'art néo-corinthien? Et ces temples gothiques où chaque pierre, fouillée à l'excès, rappelle un fait, exprime une idée et fournit l'objet d'une méditation, où le travail du forgeron devient l'art délicat de la ferronnerie, où les peintres gentilshommes décorent avec tant de goût de fragiles dentelles de verre translucide qui résistent aux plus violentes tempêtes? Que de science mise au service de la « pensée religieuse » ! Osons le dire, toute conception artistique à part, l'exécution matérielle est de premier ordre, et, en fait de construction, on peut affirmer que nos sociétés ont multiplié les tours de force.

Si la « dynamique morale » est en raison directe des efforts physiques, notre foi peut hardiment et sans « angoisses » soutenir la comparaison avec celle qui a soulevé les blocs d'Héliopolis et édifié les temples de Palmyre. Non, il n'y a pas là de « défi » jeté par ces races puissantes, et leurs splendeurs ne nous troublent pas. Elles nous donnent seulement une leçon.

Tout sentiment doit s'exprimer surtout quand

il emploie la forme de l'art, avec un caractère personnel, original, c'est-à-dire propre à ce sentiment lui-même et au peuple qui en est animé. La religion du Soleil n'est point la religion de Mahomet : leurs manifestations seront différentes. Une idée nouvelle, un culte nouveau appellent des formes extérieures nouvelles. Le christianisme, en se développant, avait transformé les nations architecturales grecques et romaines : le chapiteau corinthien avait vu ses feuilles d'acanthe devenir des feuilles de chêne ou des palmes d'acacia; à la flore classique s'ajoutaient des figures inconnues, des oiseaux, des poissons; une foule d'ornements élégants, variés à l'infini, toujours harmonieux, donnaient au plein cintre et à la ligne droite de la chaleur, de la vie. Sous l'influence d'évolutions successives, l'art s'affranchit des formes anciennes. Le but du christianisme étant d'élever, d'idéaliser, l'art qui en traduit les tendances s'élève aussi, lui; qu'il ait pris à l'Orient les lignes ogivales ou qu'il ait inventé de toutes pièces un système nouveau, le christianisme s'y incarne, il le transforme, on peut dire qu'il le crée. Puis, revenant après plusieurs siècles à la contemplation de l'antique, les artistes vinrent à s'éprendre des proportions des temples grecs et romains et firent « renaître » l'art des temps passés.

On peut alors se demander, même devant la pureté des lignes du Parthénon et les importantes dimensions des monuments gréco-orientaux, jusqu'à quel point ce brusque abandon a été heureux pour l'art chrétien et quel appoint lui a donné le « canon de Vitruve ». On peut se demander aussi si les tendances individualistes de la Renaissance ont avantageusement remplacé les efforts collectifs du moyen âge... Mais nous touchons ici à un point autrement délicat.

Les forces matérielles sont-elles, comme le fait entendre M. de Vogüé, la résultante des forces intellectuelles et morales? Les temples que nous avons sous les yeux nous révèlent le goût artistique des adorateurs d'Hélios et de Malakbel; nous donnent-ils en même temps leur niveau moral? Il ne faut pas confondre la civilisation, qui est surtout un *état moral,* soit avec la culture intellectuelle, artistique même, qui en est seulement le vernis, la surface dorée, souvent trompeuse, soit encore avec le *raffinement* des mœurs, dégénérescence ou développement anormal de cette culture. Or, nous voyons bien, à Palmyre, à Baalbeck, une prodigieuse culture intellectuelle;

où sont les traces de la civilisation, au sens profond du mot? La civilisation émane, en effet, d'un enseignement moral, elle est la partie pratique d'une doctrine, c'est le code sanctionné par des peines et des récompenses. Cet enseignement, qui est résumé dans le christianisme par deux lois célèbres, le mépris de la chair et l'amour des semblables, Grégoire le Grand prescrivit de l'écrire sur la pierre en disant : « Il faut qu'on puisse lire sur les murailles des églises ce qu'il n'est pas donné à tous de lire dans des livres. » Cet enseignement vraiment civilisateur, on peut affirmer que la religion du Soleil ne le donna jamais.

Et c'est là précisément ce qui donne aux basiliques du moyen âge et à la plupart des temples chrétiens le caractère essentiellement élevé et moral qui fait totalement défaut dans les édifices les plus gracieux comme les plus majestueux de l'antiquité païenne.

La civilisation n'est donc pas *harmonique,* puisque la force morale n'est pas fatalement en raison de la force intellectuelle et de la force matérielle, point capital qui explique certains côtés originaux de l'histoire des peuples anciens, examinée dans ses détails.

— Vous parlez du moyen âge, observa Contenson...

J'arrive aux modernes.

La pensée de M. de Vogüé est d'ailleurs le corollaire d'une observation qu'il fait dans le même ouvrage quelques pages plus haut : « Dans « notre vieille Europe, dit-il, le sentiment reli- « gieux tient une place de plus en plus res- « treinte. »

Une place de plus en plus restreinte!... J'aimerais à l'entendre démontrer. Il me semble, au contraire, que notre vieille Europe est, à chaque instant, secouée par les explosions de sentiment religieux, explosions que nous sommes souvent impuissants à empêcher, à réprimer.

La forme est peut-être moins brutale qu'en Orient; ici, les passions sont plus ardentes, nous sommes à la source des grandes dissensions religieuses : les effervescences des foules sont plus naïves, soit; l'Occident a plus de « respect humain », le sentiment est-il moins profond?

Sur ce sujet, l'opinion d'un habitant de Damas qui visiterait l'Europe serait intéressante à connaître. Sans insister davantage, que penserait-il, cet Oriental, de la puissance toute mystique de ce Pape, ce *Sultan* spirituel, idéal, qui est obéi, d'un bout de l'Europe à l'autre, sans avoir les moyens de sanctionner matériellement ses ordres ou ses avis? Il n'a point de sujets, point de royaume, point d'armée, il est relégué dans un palais qui est presque une prison : son autorité, cependant, est invraisemblable. Les empereurs se déplacent pour lui demander des conseils, les peuples le nomment arbitre de leurs différends.... Bien plus, il est écouté de ceux mêmes qui regardent comme arbitraire son extraordinaire pouvoir. Pourquoi cette vieille Europe retrouve-t-elle, pour obéir à Léon XIII, la docilité qu'elle mettait jadis à écouter Urbain II? En toute justice, peut-on chercher la raison de ce prestige ailleurs que dans la force même du sentiment religieux? Ce qu'on pourrait appeler le « niveau d'expression » est éminemment variable, sujet à toutes sortes de fluctuations, mais le sentiment demeure, puisqu'il résiste à tous les chocs, à toutes les révolutions.

Certaines inconséquences, certaines contradictions pourront troubler le jugement du voyageur; mais les faits isolés, les tendances particulières n'infirment aucunement l'observation, qui est générale. Qui sait si la négation même de l'idée religieuse ne serait pas, dans l'espèce, une affirmation ou plutôt une confirmation de la puissance du sentiment qu'elle fait naître?

« La vapeur, l'électricité, les agents mécaniques nouveaux?... » L'industrie leur trouve une application immédiate, mais cette industrie elle-même ne s'ingénie-t-elle pas à achever, parfaire, compléter, moderniser en un mot ce que nos pères nous ont légué? Ne s'emploie-t-elle pas à servir la pensée religieuse lorsqu'elle restaure les cathédrales du moyen âge ou qu'elle édifie, et au prix de quels travaux! le monument de Montmartre et la cathédrale de Marseille?

« Dieu reste, ajoute enfin M. de Vogüé, gardant sa paix aux hommes de bonne volonté. » Sans doute, mais la vérité, qui est son expression, peut-elle illuminer tour à tour les faces multiples de l'esprit humain en s'y reflétant d'une manière analogue et adéquate? L'intelligence se refuse à admettre que les manifestations visibles d'un Être invisible puissent se contredire et se répudier, et nous préférons croire qu'il y a des formes trompeuses et des formes vraies.

A la lumière de ces vérités de sens commun, simples, éclatantes comme leur éternel Exemplaire, nous pouvons cheminer « sans trouble » ni inquiétude. Les ruines nous parleront du passé sans médire du présent...

— Pendant que vous prenez votre vol sur les cimes, dit le docteur, vous ne voyez pas les gestes désespérés de Kaouam. Il sonne le déjeuner. En vous écoutant, je pensais au fameux appétit des Péripatéticiens, qui joignaient à leurs nobles études l'exercice de la promenade...

III

LE CHEIK DE PALMYRE.

Près de notre campement, quelqu'un nous attendait : le cheik du village, Mohammed-Abdallah, prévenu de l'arrivée de cinq Français, venait gracieusement leur souhaiter la bienvenue.

Je n'ai jamais vu plus beau type d'Arabe. Abdallah est un homme superbe. D'une taille au-dessus de la moyenne, élégant dans l'acception raffinée du mot, avec de beaux yeux noirs, une barbe très soignée, une kouffieh bien blanche, enveloppé dans une *mach'la* d'une propreté irréprochable, l'air intelligent, le cheik ne ressemble en rien à ses « administrés », les Arabes de condition inférieure que nous avions vus le matin errer dans le temple. A notre approche, il sourit comme à de vieilles connaissances et s'incline à l'orientale, sans cette affectation obséquieuse si commune en Orient, même chez les personnes d'un rang élevé. Évidemment, c'est un Palmyrénien de marque.

Surpris, nous répondons par un salut du même genre. « Bonjour! dit-il en français. Bonjour! *France, mânifik!* ». Il prononçait : *mânifik* en appuyant fortement sur la première syllabe et glissant légèrement sur les deux dernières, ce qui donnait à ce mot une intonation très sonore.

Nous étions loin d'espérer que le cheik de Palmyre parlerait français. Son érudition, toutefois, n'est pas des plus étendues. A ces deux mots *France, mânifik,* Abdallah n'en ajoute que quelques autres; leur nomenclature suffit à donner un des côtés de cette personnalité originale : Lyon, Marseille, Paris, Opéra, le nom d'un des plus beaux châteaux de l'Europe auquel il associe celui d'une dame qui eut son heure de célébrité, tel est à peu près tout son vocabulaire.

— Le cheik Mohammed, nous dit Kaouam, a visité la France, il connait Paris.

Vous pensez de combien de questions fut accablé cet aimable homme. Kaouam, qui servait d'interprète, avait de la peine à faire face à ce feu roulant de demandes et de réponses. Abdallah paraissait ravi. De notre côté nous avons été charmés de son tact, de sa courtoisie, je dirai même de ses attentions délicates. Soit dans ses appréciations, soit dans ses narrations, il ne se livrait que dans une juste mesure, se tenant toujours dans une réserve parfaite qui n'enlevait rien au côté piquant de la situation. Pendant notre séjour, il fut notre commensal. Se rendant compte de l'intérêt qui s'attachait aux observations archéologiques, Abdallah nous aida avec beaucoup d'intelligence. Notre ami Contenson en profita largement.

Quel contraste entre cette belle et noble figure de Bédouin et le type vraiment un peu plat du *mudir* turc « gouverneur de Tadmor », au menton rasé, à la jaquette européenne, sorte d'*effendi* échoué ici de par la grâce du pacha de Damas! De celui-ci, impossible de tirer autre chose que l'inévitable café et de rares monosyllabes.

On soupçonne que le cheik a une histoire... En effet. Il y a quelques années, une Européenne, j'allais dire une Parisienne, femme d'esprit autant qu'intrépide voyageuse, passait à Palmyre en caravane. Elle venait de Damas et se rendait, si je ne me trompe, à Mossoul ou à Bagdad. Bien entendu Mohammed-Abdallah lui fut présenté. On sait de quelles antennes est douée la femme observatrice, avec quel flair elle devine la richesse de certaines natures qui se flattent, cependant, d'être des renfermées.

Notre voyageuse ne fut pas longue à comprendre tout ce qu'avait de fin et de distingué cette intelligence orientale. Elle tenta une expérience. Voulant éprouver l'effet, sur Mohammed, de nos sensations prises sans transition avec la brusquerie d'un changement de décor, voulant aussi étudier les côtés-cachés de sa physionomie morale, enfin, comme toute femme l'eût été, piquée par l'aventure, elle l'emmena dans ses pérégrinations vers l'Euphrate et lui proposa de passer quelques mois en Europe. Notre homme accepta ; la France, pays « moderne », fut choisie comme terrain d'expériences, d'autant plus que l'Exposition universelle de 1889 battait son plein. Quelques personnes privilégiées furent probablement les seules à saisir, sur le vif, les premiers étonnements du cheik : il y avait là bien des observations curieuses à faire. Notre interprète, qui maniait la langue française sans en comprendre toutes les nuances, ne sut pas nous rendre très exactement les souvenirs de Mohammed, ses impressions d'antan. Deux choses paraissent cependant l'avoir frappé avec une intensité particulière : l'Opéra, avec la féerie de ses mises en scène, ses éclairements magiques, les danses des femmes enveloppées de nuages de gaze, aux diamants brillant comme des étoiles, et le superbe château de l'aimable Européenne ; le cheik n'avait jamais vu tant d'eau : sources, ruisseaux, douves, il les voyait encore couler et miroiter au pied des tourelles, près des enfilades de salons et des allées qui se perdaient en courbes dans les massifs.

Hélas ! ce n'était pas encore le Paradis ! Il manquait à l'Arabe son désert, le désert avec son espace, la liberté d'allures, l'absence de toutes les contraintes auxquelles, malgré les complaisances, il lui fallut se plier, cette vie calme, exempte des tribulations quotidiennes qui sont la vie de l'Européen, l'attachante aridité du sable et la verdeur de son oasis, qui sait aussi ? son « chez lui », son harem, ses esclaves. Il lui manquait surtout le soleil ! Ceux qui ont fait le voyage d'Orient le comprendront ! Il faut, en effet, avoir joui du soleil dans son ardeur un peu rude, avoir savouré l'âpre volupté de se sentir inondé de cette belle et fidèle lumière qui disparaît ce soir, mais qu'on est sûr de retrouver demain, pour juger de la privation éprouvée dans nos contrées par ces natures qui ont besoin de chaleur comme nous avons besoin d'air !

Au milieu des fêtes et des plaisirs d'Europe, le cheik de Palmyre se souvenait toujours de ce soleil, qu'il voyait autrefois se lever au-dessus de son temple en ruine et se coucher derrière les tours funéraires, à l'occident de son domaine. Il dit adieu à sa bienfaitrice, à l'Opéra, au beau château, il passa de nouveau la mer, le « désert d'eau », comme il l'appelle, et n'eut de repos qu'après avoir franchi, presque d'une seule traite, la distance qui sépare Paris de Palmyre !

Le marin doit éprouver la même jouissance à retrouver sa barque, pauvre nacelle souvent étroite, misérable coque sur laquelle il a bien souffert, mais dont il est jaloux. Sondez les arcanes du cœur humain !

Dans un moment de trop vive expansion, Abdallah nous avait promis la visite de son « harem », composé sobrement, dit-il, de quatre femmes. Chose étonnante dans la bouche d'un Oriental, il nous fit comprendre discrètement qu'elles étaient d'une rare beauté. C'était un « relent » de son éducation européenne. Les figures agréables, les yeux expressifs de mes compagnons de voyage ne lui inspirèrent-ils qu'une confiance médiocre? Je ne sais. Toujours est-il que le cheik ne nous en reparla plus. Comme dédommagement, il nous offrit, le soir, au repas d'adieux, un gâteau « national » que ses femmes elles-mêmes avaient pétri de leurs mains. Je n'en donnerai la recette à personne, car il est impossible de manger quelque chose de plus fade que cette pâte incolore et visqueuse.

L'opinion de Mohammed sur les mœurs européennes ne manquait pas d'originalité : « Nous, Arabes, disait-il, nous avons la permission d'avoir quatre femmes, mais nous ne prenons jamais celles des autres, tandis que vous, Français, vous avez une seule femme, et vous aspirez à être le mari de toutes!... » J'essayai de lui faire comprendre que cette apparente contradiction était surtout une question de formes et que l'amabilité des Français était généralement désintéressée. Mon discours ne parut pas le convaincre.

Sa maison est située en dehors du village, c'est-à-dire en dehors du temple; elle est bien construite, installée à l'orientale, dans un arrière-goût européen, avec un large et frais *selamlik*. Il mit une bonne grâce extrême à nous en faire les honneurs. En mémoire de notre passage sous son toit, il donna à chacun de nous un petit souvenir archéologique, de petites amulettes ou *tessères* en terre cuite, carrées, assez bien conservées et représentant divers sujets. Elles avaient dû servir, au beau temps de Palmyre, soit de monnaie, soit de « billet d'entrée » dans le temple.

Abdallah nous demanda des nouvelles d'Europe... Hélas! celles que nous lui donnions n'étaient pas toujours de nature à le satisfaire. Il n'avait rien oublié de là-bas, et si nous eûmes un regret, ce fut celui de contrister ce cœur chaud, généreux, dévoué, prêt à sacrifier ses intérêts au profit de ceux qui l'ont aimé.

C'est dire que, nous aussi, nous aimions déjà cette nature délicate. Nous lui avons bien promis, en le quittant, de repasser par ici, mais nous savons, et lui aussi, que c'est une vaine promesse!

L'homme est-il autre chose qu'un oiseau de passage? Heureusement il lui reste la mémoire. Pouvons-nous oublier l'accent ému avec lequel le cheik de Palmyre répétait, en nous serrant la main, à l'heure des adieux, les deux mots dont il avait salué notre arrivée : *France mânifik?*

LA GRANDE COLONNADE

(État actuel.)

IV

LA GRANDE COLONNADE. —— LES PALAIS. —— SEPTIMIUS
ODENATH. —— LA REINE ZÉNOBIE.

Le cachet spécial des ruines de Palmyre est
surtout dans les longues files de colonnes qui
partent, à une centaine de mètres environ, du
temple du Soleil et se prolongent à l'ouest jusqu'au
pied des collines. L'immense squelette est là
couché, desséché comme les carcasses de chameaux qui jalonnent la route des caravanes...

Mais les corbeaux et les chacals n'ont plus rien
à prendre. De temps à autre, une fois tous les
cent ans, un grand tremblement de terre secoue
violemment tous ces vieux os : une série de
colonnes déjà vacillantes s'écroule, un fragment
d'arcade se disjoint, puis s'abat, produisant de
nouveaux vides, brisant la symétrie des rangées
parallèles. Vienne alors le vent du désert, cette
grande brise de l'Orient qu'aucun obstacle n'ar-

rête! La poussière de marbre s'envole, le sable fin recouvre lentement, de son grain jaune, les blocs qui jonchent le sol... Quelques siècles encore et on ne verra plus rien!

Cette colonnade de douze cents mètres fut la grande artère dans laquelle circulait la vie de Palmyre. Est-il possible, en remuant 's débris de cette activité qui dut être prodigieuse, de saisir encore le passé et de le reconstituer? Essayons-le.

Le grand arc de triomphe qui regarde le temple et qui semble, aujourd'hui, le point de départ de l'avenue, n'en était autrefois qu'une interruption, un coude. Ce qui le prouve, c'est le non-parallélisme des deux façades de l'arc, autant que la plus grande épaisseur de la maçonnerie dans la partie gauche du massif. La colonnade devait donc partir des environs de l'entrée principale du temple; elle circulait d'abord au milieu d'édifices complètement ruinés dont on soupçonne la trace, elle passait probablement tout près de la colonne renversée dont le marquis de Vogüé a déchiffré l'inscription et qui devait supporter les statues de la famille Bareiqou, puis elle se continuait vers l'ouest en ligne brisée, coupée à intervalles irréguliers par des arcs perpendiculaires,

L'ARC DE TRIOMPHE

(État actuel.)

par un tétrapylône ou d'autres rues en arcades qui venaient déboucher sur la rue principale. Elle aboutissait ainsi à un autre édifice de proportions modestes, mais fort joli, probablement une sépulture; tout autour, des sarcophages, des bustes, des bas-reliefs et, dans ce chaos, de merveilleux détails, des grappes de raisin, des palmes, des roses, tout cela d'un travail très fin. Malheureusement du tombeau lui-même il ne reste guère que l'entrée, beau portique à colonnes et à fronton décoré. Il termine très heureusement la rue; on devine dans quelles justes proportions il s'accouplait avec l'ensemble. Son plafond, qu'un tremblement de terre a fait écrouler, a été bizarrement retourné, dans sa chute, et se présente maintenant regardant le ciel.

La disposition de l'arc de triomphe fait très bien comprendre celle de la rue principale. Supposez une grande arcade centrale, haute de onze mètres, reposant sur des pilastres corinthiens et flanquée à droite et à gauche par d'autres arcades sensiblement plus petites. L'arcade centrale donnait accès sur l'avenue proprement dite, à ciel ouvert, où circulaient les chars, les cavaliers, les chameaux, les troupeaux d'autruches. Les arcades latérales correspondaient à des colonnades couvertes, sortes de « trottoirs » abrités des ardeurs du soleil sur lesquels s'ouvraient les maisons, les palais, les boutiques de changeurs, les comptoirs des trafiquants et des courtiers. Par ce qu'il en reste, on peut se figurer cette magnifique promenade, ces rangées indéfinies de colonnes corinthiennes, hautes de dix-sept mètres, faites de beau marbre blanc ou de syénite rose, donnant ces tons crus, ardents, propres au pays du soleil, ces lignes de chapiteaux très fouillés, ces larges entablements sculptés se coupant à angle droit sur le ciel.

A chaque colonne était adossée, sur une console, la statue des personnages qui avaient bien mérité de la patrie. Au-dessus, des inscriptions en araméen et en grec sont gravées pour en rappeler le souvenir. Bon nombre d'entre elles sont en l'honneur des chefs de caravane qui apportaient de Chorax ou de Vologèse les marchandises de l'Inde et de l'Extrême-Orient : il y avait une vraie gloire à conduire avec succès de pareilles expéditions, qui étaient une des principales sources de la richesse de Palmyre.

Enfin, tous les vingt mètres, les rangées sont interrompues par des arcades en plein cintre : ce sont les entrées des habitations particulières, des caravansérails, des palais. Et partout une extrème profusion de décorations, une richesse inouïe dans les plus petits détails... On peut en juger par l'arc de triomphe. Que de délicatesse et de fini dans ces fleurs, ces fruits, ces branches d'arbre qui s'enlacent moelleusement sur la pierre sans se froisser ni se heurter! « Lourd plagiat de l'architecture grecque », a-t-on dit! Sans doute, à Palmyre il n'y a rien d'original ; l'art palmyrénien n'existe pas. Mais on ne peut nier que les Odenath eurent le culte du grand et du beau. S'ils n'y apportèrent pas le goût que donne l'éducation artistique développée et perfectionnée par l'étude, eux qui, hier encore, portaient le manteau blanc des nomades, du moins il surent y employer leurs richesses et attirer, dans leurs sables, les artistes grecs dont Rome ne voulait plus.

En suivant la colonnade, un demi-kilomètre environ après le grand arc de triomphe, on voit, à gauche, les restes d'une habitation importante. Deux belles arcades corinthiennes, reliées par un portique en hémicycle, lui donnent accès sur la rue ; plus loin, toujours à gauche, les débris presque informes d'un grand « Seraï ». Les murs sont couchés sur le sol : les pilastres ont des ornementations plus fines, les moulures sont plus travaillées. On se trouve, évidemment, en présence des palais royaux de la famille Odenath, mais il est impossible d'en déterminer les limites et même d'en définir la forme.

On a vu, dans cet hémicycle, les restes d'un cirque : cette opinion est généralement abandonnée.

A ce propos, M. de Ségur voit, dans l'absence à Palmyre de toute trace de théâtre ou de cirque, une preuve que cette ville n'a pas subi entièrement l'influence romaine. « Si les conquérants « du monde s'en emparèrent, dit-il, ils ne purent « y laisser, comme à Djérash, leur forte « empreinte. » Les Romains étaient des colonisateurs parfaits; tous les moyens leur étaient bons : le travail comme le plaisir. De celui-ci, surtout, ils usaient largement : il était facile de tromper l'attention des foules en exploitant leurs passions. Le cirque entrait dans leur système, aussi bien que la construction des superbes voies de communication qui allaient de Byzance à Noviodunum.

Pourquoi donc ne trouve-t-on pas à Palmyre les vestiges du plus petit amphithéâtre?

D'abord, parce que la population de Palmyre

fut essentiellement trafiquante. Après avoir gagné le plus grand nombre possible de *tétradrachmes*, elle ne songeait qu'à jouir, à l'ombre des palmiers et des colonnades, de la douceur du repos; comme pour nos Orientaux d'aujourd'hui, le *kief* était le bonheur suprême. De plus, malgré son engouement pour la Grèce et tout ce qui venait de l'Occident, Palmyre, à cause de sa situation, resta foncièrement Asiatique. Elle avait trop de relations avec la Perse, sa rivale et sa voisine, pour n'en point avoir les goûts, les mœurs et même un peu de la religion. Plutôt que d'applaudir aux spectacles, le peuple préférait contempler, même de loin, le luxe extravagant de ses souverains.

Il y a une troisième raison, et probablement la meilleure. Quand Palmyre devint romaine, on la déserta. Les terribles massacres d'Aurélien lui avaient porté un coup à jamais fatal. Et ce n'est pas pour la *Prima Legio Illyricorum* qu'on aurait donné des naumachies ou des combats de gladiateurs.

Devant les temples en ruine, on est entraîné à faire de la philosophie; devant les palais, on fait de l'histoire. Celle de la famille Odenath est digne qu'on s'y arrête.

Nous sommes au troisième siècle (1). Septimius Odenath Ier est prince de Palmyre, il est aussi personnage consulaire et sénateur romain. Sa politique a varié suivant son ambition. Pour arriver au pouvoir, ses prédécesseurs se sont appuyés sur les Arabes; pour étendre son influence, Odenath s'est tourné vers Rome, dont il a reçu une série de dignités progressives, mais il est *sujet* romain. Et voici que vers l'année 250, le chef de Palmyre veut voler de ses propres ailes, il rejette la suprématie des empereurs et se déclare indépendant. L'histoire de Palmyre commence. Elle ne durera pas longtemps; en 272, elle sera finie!...

Palmyre est donc indépendante. Mais Rome s'inquiète. Valérien, qui règne à ce moment, flaire dans l'aurore de cette puissance un nouveau danger : il songe à se débarrasser d'Odenath. Le moyen est simple. Sans autre forme de procès, Valérien envoie à Rufin, son général,

(1) Les savantes discussions de MM. Waddington, de Vogüé, Mommsen, etc., n'ont pas entièrement élucidé plusieurs points de l'histoire des Odenath. L'opinion de M. Double nous a paru très justifiée, sinon indiscutable; c'est elle que nous avons suivie, au moins dans les lignes générales de notre aperçu historique. Cf. MULLER, *Fragments historiques grecs;* VOGÜÉ, *Inscriptions sémitiques,* p. 30 et suiv.; Lucien DOUBLE, *les Césars de Palmyre,* chap. II, III et suiv.

l'ordre de tuer le prince de Palmyre ; un coup de poignard l'en débarrasse. « Plaise aux dieux », dit Rufin, « que l'empereur me permît de le débar- « rasser aussi du fils ! » Pour le coup, voilà un serviteur intelligent et dévoué. Mais Valérien ne se doutait pas que Palmyre allait tenir Rome en échec.

Odenath Ier avait deux fils : l'aîné, Hairan, mourut peu de temps après son père ; le pouvoir passa donc entre les mains du plus jeune, Septimius Odenath II, dont la femme fut la célèbre Zénobie.

Odenath II est la grande figure de sa race, la seule, peut-être, véritablement honnête, au milieu de toutes les personnalités bruyantes qui s'agiteront autour de Zénobie. Il donne la mesure de la nature arabe, restée à l'abri des corruptions étrangères et suffisamment cultivée. Dès le début de son règne, Odenath a un grand parti à prendre.

Jetons les yeux sur l'empire romain.

Jamais période de l'histoire ne fut plus profondément troublée. De l'Orient à l'Occident, de la Gaule à la Mésopotamie, ce ne sont que révoltes, assassinats, usurpations, séditions de toutes sortes. Chaque bande de stipendiés veut élire un empereur, chaque général veut être indépendant. C'est la triste époque des *Trente Tyrans*.

A l'extérieur, Rome se défend contre deux ennemis : au nord, le Goth ; à l'est, le Parthe ou le Perse. L'empire perse est alors gouverné par un roi Sassanide, Sapor, le fils de cet Ardéchyr-Babegan qui trouvait le temps de détrôner des rois et d'écrire des « traités de morale ».

Fils d'une esclave parthe, Sapor a, dans ses veines, du sang des Arsacides et toute la haine des deux races pour l'Occident. C'est d'ailleurs un curieux personnage. L'histoire d'Asie four-mille de souverains extraordinaires, mais Sapor, à lui seul, mérite de fixer l'attention. A Ctési-phon, sur le Tigre, il a un superbe palais, sup-porté, prétend d'Herbelot, par quarante mille colonnes d'argent massif, avec une porte d'entrée mesurant quatre-vingt-dix-huit pieds de large et cent dix pieds de haut. Il a des idées originales. Après une victoire, il s'offre le luxe de passer l'Euphrate sur un pont de cadavres ennemis. Un autre jour, il a l'avantage de s'emparer par ruse de la personne de l'empereur Valérien. Pendant vingt ans, le dos de ce malheureux *Auguste*, cou-vert de la pourpre impériale, lui servira d'esca-beau pour monter à cheval. Sapor, dit-on, appe-lait cela *triompher*. Je sais qu'il faut faire la part du prisme grossissant à travers lequel passent les racontars orientaux. Néanmoins, on a sur le compte de ce roi quelques données historiques qui répondent assez bien à ces étrangetés.

Les excentricités du *Roi des Rois* n'auront pas de succès auprès d'Odenath II. Je n'entrerai point dans les détails des luttes que se livrèrent, dans notre Asie Mineure et notre Syrie actuelles, les tyranneaux de l'époque; elles ont leur intérêt, mais elles n'ajoutent rien à la physionomie historique de Palmyre, que je me borne à esquisser.

L'important est de savoir que, dans le débat entre Rome et Sapor, Odenath prit franchement parti pour Rome, alors gouvernée par Gallien, fils de Valérien. Ce qui a décidé le prince de Palmyre, c'est l'affront maladroit qui lui est venu de Sapor. Odenath, voulant vivre en bonne intelligence avec son terrible voisin, eut la bonté de lui envoyer des ambassadeurs avec des chameaux chargés de présents. Le roi des Perses ne trouvá rien de mieux que de lui renvoyer ses ambassadeurs avec mission d'enjoindre à leur maître, sous peine d'extermination, de venir immédiatement se prosterner devant lui, peut-être même de relayer Valérien dans ses fonctions d'escabeau royal.

On n'insulte pas impunément un Arabe ; Odenath jura au Perse une haine à mort.

Sous ses ordres se rassemble, autour du noyau de ses fidèles Arabes, une véritable armée. Sans retard, le prince de Palmyre, secondé par un général romain, marche contre la capitale du Sassanide et son célèbre palais d'argent : très bon moyen pour le faire revenir d'Antioche, qu'il mettait à feu et à sang. La tactique était excellente, elle réussit. Sapor bat en retraite ; Odenath n'attendait que cette occasion pour fondre sur une armée en désordre, encombrée de bagages et de femmes ; il remporte une brillante victoire et faillit délivrer Valérien.

En récompense, Gallien le nomme Roi. Seconde campagne d'Odenath contre Sapor : second et humiliant échec de ce dernier, qui abandonne son harem et s'enferme dans Ctésiphon, immédiatement assiégée par le nouveau Roi.

Tout allait bien. Mais on avait compté sans les débâcles intérieures, qui sont une des plus tristes pages de l'Empire en décadence. Un Macrien, magicien d'Égypte, détrône Gallien ; un Valens, gouverneur d'Achaïe, en fait autant, mais pour lui-même ; un troisième, Pison, général obscur, se déclare *Auguste* à son tour, etc. Force est donc à Odenath de lever le siège de Ctésiphon pour voler au secours de l'Empereur. Le Roi de Palmyre, devenu le Roi des Rois, accourt à Émèse, attaque les rebelles et rétablit les affaires de son ami. On commence à respirer. A cette occasion, Gallien donne, à Rome, le spectacle d'un triomphe solennel dont les *Actes diurnaux* ont fait un pompeux récit. Enfin, si l'on se fie aux *journalistes* de l'époque et à Trebellius Pollion, Odenath reçoit la pourpre romaine : il est déclaré *Auguste* avec le lourd et périlleux honneur du gouvernement de l'Orient.

Odenath prend à cœur sa nouvelle charge et ses nouvelles responsabilités. Il calme les effervescences religieuses, protège les chrétiens, pacifie les régions si troublées de l'Euphrate, repeuple les villes, accable une seconde fois Sapor, — il prend même Ctésiphon, au dire de Le Syncelle, — et chasse les Goths de l'Asie Mineure.

Infatigable dans sa haine comme dans ses exploits, il s'apprêtait à faire contre le roi des Perses une quatrième campagne, lorsqu'un neveu mécontent, Mœonius, le tua lâchement dans un banquet, à Émèse, en l'année 267. Chacun se demanda, dit M. Double, ce que l'humanité avait pu faire aux dieux pour qu'ils lui reprissent sitôt son protecteur (1).

Hérode, le premier fils d'Odenath, a été assassiné en même temps que son père.

Vaballath Athénodore, fils d'Odenath et de Zénobie, âgé de cinq ans, succède à son père, sous la régence et la tutelle de sa mère.

L'épouse d'Odenath semble avoir accaparé pour elle seule le renom de justice, de loyauté et de bravoure qui revient de droit à son illustre mari. Femme très habile, elle sait tout le parti qu'on peut tirer d'une adroite réclame. Elle accueille à sa cour tous les émigrés de Grèce, rhéteurs, poètes, architectes, maîtres-courtisans dont la vie se passe à chanter sur le papyrus et sur la pierre les louanges de leur bienfaitrice. Et les historiens continuèrent la légende. Doit-on s'en étonner? Un érudit anglais, Gibbon, avait écrit : « Zénobie est la seule femme dont le génie

« supérieur ait brisé le joug indigne sous lequel

« les mœurs de l'Orient tenaient son sexe. »

Qu'on me permette de citer le portrait, imité de Trebellius Pollion, qu'en fait M. de Ségur :

« Cette reine, dit-il, que ses talents, que son

(1) Lucien DOUBLE, *les Césars de Palmyre*, chap. IV.

« audace, que sa fortune, sa gloire et ses mal-
« heurs rendirent immortelle, joignait tous les
« charmes d'un sexe à la force de l'autre ; sa taille
« était majestueuse, ses traits réguliers, son
« regard doux et plein de feu ; la perle orientale
« n'avait pas plus d'éclat que ses dents ; son teint
« était brun, mais animé, la magnificence de sa
« parure rehaussait sa beauté. Elle aimait le faste
« et voulait que sa cour égalât en splendeur celle
« du roi de Perse. La singularité de son habille-
« ment répondait à celle de son caractère ; elle
« mêlait aux ornements d'une femme le luxe d'un
« guerrier, sa robe était couverte d'une cotte
« d'airain enrichie de pierreries ; son diadème
« entourait un casque ; elle combattait avec les
« soldats, le bras nu et le glaive en main ; souvent
« on la vit soutenir à cheval les plus longues
« fatigues et marcher à pied pendant plusieurs
« milles à la tête des troupes. Didon, Sémiramis,
« Cléopâtre étaient ses modèles : fermeté dans le
« commandement, courage dans les revers, élé-
« vation dans les sentiments, assiduité au travail,
« dissimulation dans la politique, audace sans
« frein, ambition sans bornes, tels étaient les
« défauts et les qualités de cette femme célèbre
« qui réunit en elle toutes les vertus et tous les

9.

« vices des héros, sans montrer une des faiblesses
« de son sexe. On vantait sa chasteté comme son
« courage, et elle ne connut d'amour que pour la
« gloire (1). »

De nos jours, on a pu mettre au point certaines
physionomies, certains faits que la distance et le
temps avaient singulièrement grandis ou exagé-
rés. Ainsi, Zénobie se disait fille d'un roi et descendante de Cléopâtre. Les inscriptions amènent,
au contraire, à penser que son extraction était
plus modeste et qu'elle était fille d'un Julius-
Aurélius-Zénobius, agoranome de Palmyre,
« magistrat chargé de faire la police des marchés
et des rues et de veiller à l'approvisionnement
de la ville (2) ».

D'autres détails de sa vie, mis en lumière par
l'auteur des *Césars de Palmyre*, ont fait croire
à ce dernier qu'elle n'avait pas le cœur « aussi
viril qu'on l'a cru généralement ».

M. Double fait autorité dans la matière, et je
me garderai bien d'aller contre son opinion.

Qu'il n'oublie pas, cependant, ce que disait

(1) « Cujus ea castitas fuisse dicitur ut ne virum suum qui-
dem sciret nisi tentatis conceptionibus. » (TREBELLIUS POLLIO.)
(2) Lucien DOUBLE, *les Césars de Palmyre*, notes et éclair-
cissements.

d'elle son ennemi acharné, l'empereur Aurélien, dans une lettre à Mucapore (1). « J'aimerais « mieux, écrivait-il, pour ma gloire et ma sûreté, « avoir affaire à un homme. » On ne peut pas faire un plus bel éloge d'une femme.

Il est fort regrettable que, du palais habité par la Reine, il ne reste aujourd'hui que des ruines très vagues. Quel intérêt il y aurait à ressaisir sur le vif un peu de la vie de cette fastueuse Orientale qui avait su rassembler dans sa demeure tout ce que la Perse ou l'Égypte pouvaient compter de précieux et de rare, qui se vantait de posséder, entre autres choses, les vases et le service de table en orfèvrerie dont Cléopâtre se servait pour les fêtes d'Alexandrie!

Sur un des murs du Seraï, abattu, on peut lire une inscription française gauchement gravée. Elle rappelle qu'une voyageuse connue, Mme Le Ray, passant par ici il y a quelques années, fit célébrer la messe dans cet endroit par l'aumônier de sa caravane.

La reine de Palmyre eût-elle jamais pensé que son palais dût un jour servir d'autel? Ces

____

(1) Fl. Vopiscus, *Histoire d'Aurélien.*

décombres, où le pied trouve à peine sa place, suffisent aux cérémonies d'un culte dont les mystères sont les plus redoutables qui aient jamais existé... Quel rapprochement! Et qui sait si, dans son auguste simplicité, la messe de Palmyre n'a pas été plus imposante que les manifestations des sacrifices de Baal?...

V

LA NÉCROPOLE.

La nécropole n'est pas la partie la moins intéressante des ruines, il faut une journée presque entière pour la visiter.

L'autre soir, à notre arrivée, la Vallée des Tombeaux nous avait déjà produit un grand effet. Dans l'ombre, sous l'orage qui montait, ces grandes tours pyramidales avaient quelque chose de sinistre et de puissant. On aurait dit des guérites monumentales construites pour des *Raphaïtes* ou des *Goliath*. Les vedettes tombent en poussière, comme l'*oppidum* de marbre confié à leur garde.

Essayons cependant de pénétrer leur secret.

La nécropole, — c'est-à-dire l'ancien cimetière et la Vallée des Tombeaux, — est complètement en dehors de l'ancienne enceinte. Il est facile de s'en rendre compte : les traces de la muraille du sud, qui part du temple, près d'une mosquée délabrée, et longe la crête d'un plateau en laissant à l'extérieur le cimetière arabe, la source et le *Ouady* qui arrosent l'oasis, forment une séparation très nette entre deux parties de ruines absolument distinctes de physionomie et de caractère : au nord était la cité des vivants, au sud, la cité des morts.

L'aspect des tombeaux, leur disposition, les usages funéraires nous diront peut-être quelle idée les Palmyréniens se faisaient de la mort. Il serait intéressant de le savoir, la façon d'envisager nos destinées futures étant le résumé des croyances religieuses d'un peuple : c'est ainsi que le *terminus* d'une philosophie en devient souvent le point de départ.

La Vallée des Tombeaux, l'*Ouady-el-Qoubour*, rappellerait assez, comme disposition générale, la *Via Appia*. De chaque côté de l'avenue principale s'élevaient orgueilleusement les mausolées des plus riches familles. Ici, comme à Rome, on pensait que rien ne pouvait donner plus de majesté à l'entrée de la ville. A coup sûr, l'effet devait en être grandiose, les négociants de Palmyre étalant dans la construction de leurs *demeures éternelles* le faste qu'ils apportaient dans leurs

TOMBEAU DE JAMBLICHUS

(Vallée des Tombeaux.)

temples et leurs palais. Il semble qu'ils se préoc-
cupaient moins de perpétuer la mémoire de leurs
concitoyens illustres que de faire honneur à leur
réputation de luxe. Il serait intéressant de connaître les impressions des touristes du siècle des
Antonins.

Le monument funéraire palmyrénien est généralement une haute tour carrée, ou plutôt une
pyramide qui s'élève parfois, comme le tombeau
de Jamblichus, jusqu'à dix-huit ou vingt mètres.
Les quatre façades sont parfaitement unies. Celle
qui regarde la route, la façade principale, est
percée d'une grande porte d'entrée à pilastres
corinthiens et à fronton triangulaire. Au-dessus
de la porte, sur un cartouche en pierre blanche,
sont gravées les inscriptions de la famille. Souvent aussi, à mi-hauteur de la façade principale,
le fondateur du monument est représenté couché
sur un lit de pierre que supporte un balcon très
ornementé. Toutes ces décorations, variées à
l'infini, sont une application néo-corinthienne.

Intérieurement, la tour est divisée horizonta-
lement en plusieurs étages qui forment autant de
chambres sépulcrales : c'est ordinairement la
chambre inférieure qu'on décore avec le plus de
soin : le public montait rarement jusqu'aux

étages supérieurs. Des cloisons perpendiculaires aux murs latéraux viennent s'appuyer sur des pilastres très élégants et séparent verticalement les rayons dans lesquels on glissait les caisses à momies. Quelquefois, dans le tombeau d'Etabelus, par exemple, des bustes, des inscriptions surmontent les différentes travées, chaque branche de la même famille ayant ses « appartements » particuliers ; mais la muraille du fond est toujours dégagée. De la sorte, le milieu de la chambre est vide : on y peut circuler à l'aise. Les plafonds, à en juger par ce qui reste, étaient merveilleusement peints et sculptés. D'ailleurs, les Grecs avaient importé ici le goût de l'architecture polychrome : on devait même abuser de l'effet produit par le soleil sur les couleurs vives. Il fut de mode, à une certaine époque, de recouvrir les colonnades d'enduits bleus, rouges ou verts. Les particuliers, auteurs de ces innocents badigeonnages, tenaient à en informer la postérité, et des solennelles inscriptions, en deux langues, nous apprennent qu'un Lishmash ou un Soraïkou a fait peindre le fût d'une colonne ou les architraves d'une galerie.

Les décorations funéraires s'agrémentaient de sujets divers, tels que corbeilles de fleurs et de fruits, combats de gladiateurs, etc., trace évidente d'une coutume bien occidentale. Les mânes de Rome avaient besoin pour leur repos d'offrandes, de sacrifices, de jeux ; il est probable que, du premier au quatrième siècle, les mânes de Palmyre eurent les mêmes exigences.

Sans contredit, le plus joli monument de la vallée est celui que les indigènes décorent du nom pittoresque de *Qoubbet-el-Aroûs,* « le monument de la fiancée ». Grâce aux inscriptions de la salle inférieure, on a pu reconstituer toute la généalogie de ses propriétaires.

S'il ne reste guère plus de découvertes vraiment intéressantes à faire dans l'enceinte même de l'ancienne ville (car tout, ou à peu près, a été fouillé et déchiffré), une grande partie de la nécropole est encore un champ inexploré. Mohammed-Abdallah, qui a rapporté de son séjour en France un certain sens de l'archéologie, l'a parfaitement compris. Depuis son retour il a fait, près du *Ouady-el-Qoubour* et sur le revers oriental des collines, des sondages très fructueux.

Peu de jours avant notre arrivée, la pioche de ses esclaves heurtait, à deux cents mètres environ de la source principale, une très belle plaque de marbre percée d'un œil-de-bœuf. En pénétrant dans l'ouverture, le cheik découvrait un tombeau. Guidé par son instinct, à quelque distance de là, il forait un puits et tombait sur un autre hypogée d'une forme analogue au précédent. Abdallah eut la gracieuseté de nous offrir la primeur de ses découvertes : il nous fit descendre, à l'aide de ses nègres, dans des souterrains qu'aucun européen n'avait encore visités. Je ne me porterai point garant que les investigations personnelles du cheik n'aient pas été plus heureuses que les nôtres. Mais si Mohammed a mis de côté quelque chose de précieux, il est parfaitement dans son droit. D'ailleurs, sous le rapport des fouilles, le gouvernement ottoman use d'un système tout particulier. Ces fouilles, lui seul peut les autoriser, moyennant un gros *bagchich*, bien entendu. Comme sanction de cet iradé, la douane a reçu des ordres sévères : défense absolue d'emporter, en dehors de l'empire, des objets soupçonnés *archéologiques* par la haute compétence des fonctionnaires turcs. Rien de plus légitime. Aussi, malgré les *caïmakams* et les douaniers, chacun peut piller à son aise.

En Turquie, tout s'arrange : la question est de bien savoir à qui s'adresser, et surtout en quelle langue, ou plutôt avec quel style il faut parler.

Notre ami Contenson a rédigé la description des hypogées. Je ne puis que la rapporter ici; elle est parfaitement claire (1) : « L'œil-de-bœuf « est pratiqué au-dessus d'une porte... il est à « présumer que cette porte s'ouvrait autrefois « directement dans la colline et que des dé- « combres tombés du haut de la montagne sont « venus combler et obstruer l'entrée. L'inté- « rieur du tombeau affecte la forme d'une croix « dont les parois sont garnies de fours à cer- « cueils dont le nombre total peut varier de trois « à quatre cents. Sur le sol, d'ailleurs, recou- « vert de décombres dont la hauteur atteint « quelquefois deux mètres, j'ai reconnu quatre « sarcophages dont les sculptures sont analogues « à d'autres qui portent la date des deuxième « et troisième siècles. Sur l'un des couvercles « est sculptée la statue couchée d'une femme,

(1) Le Révérend Père Lagrange, de Jérusalem, a bien voulu traduire l'inscription qui se trouvait au-dessus de l'œil-de-bœuf et que M. de Contenson avait eu la patience de copier. Cette inscription porte textuellement : « *Grotte qu'ont creusée de leurs deniers comme demeure perpétuelle : Zabdeathi, fils de Ataqab, fils de Zabdeathi, fils de Serral, fils de Zabdeathi, fils de Mali- kou, surnommé Eras, et Moqimou, fils de Zabda, fils de Moqi- mou, fils de Athqanab, fils de Moqimoa, fils de Malikou, sur- nommé Eras, pour eux et pour leurs fils et pour leurs petits-fils mâles, à perpétuité au mois de nisan de l'année.....(?)* » Voir la *Revue biblique* de juillet 1892 : une inscription palmyrénienne.

« sur un autre, celle d'un homme. Sur le côté
« extérieur du sarcophage sont des bas-reliefs
« représentant des bustes séparés entre eux par
« des têtes de bœuf. Dans les sarcophages,
« comme dans les fours à cercueils, se trouvent
« de nombreux ossements, toutefois sans mo-
« mies ni bandelettes, comme il arrive parfois
« aux gens du pays d'en rencontrer. Les sculp-
« tures offrent une valeur artistique fort iné-
« gale, c'est souvent la même tête d'homme qui
« est plusieurs fois répétée... » J'ajouterai un
détail : un certain nombre de têtes, adossées en
relief aux sarcophages, sont à peine ébauchées
ou seulement dégrossies : il est même difficile
de distinguer à quel sexe le marbrier les desti-
nait. Elles devaient, très probablement, être
préparées d'avance, et, suivant le personnage
défunt, on leur donnait le *dernier coup*. C'étaient
des têtes *banales*... Reste, il est vrai, la question
de la ressemblance,... mais y regardait-on de si
près? D'ailleurs les descendances étaient soigneusement relatées par les inscriptions.

Nous sommes là en présence de toute une partie de la nécropole que le sable du désert a peu à
peu recouverte, comme il a déjà enterré les fûts
de colonnes et bien d'autres débris intéressants.

Ce que nous avons vu suffit cependant à juger de l'importance du reste.

Tâchons maintenant d'échafauder la synthèse des idées palmyréniennes sur la mort. Elles sont évidemment assez complexes.

Les Palmyréniens, je le répète, ne furent point des *créateurs* au point de vue artistique : ils ne le furent pas davantage au point de vue religieux. On peut même le dire, ce qui rend Palmyre originale, c'est précisément son manque d'originalité, qu'elle doit à l'étrangeté de sa situation et au recrutement hétérogène de ses habitants.

Elle est le reflet de deux sources lumineuses, de l'Orient et de l'Occident, du désert et de la civilisation, de la Chaldée ou de l'Égypte et de Rome ; elle est le centre où viennent aboutir les rayons d'un cercle tangent, par ses extrémités opposées, à deux mondes absolument différents, même disparates. A cela aussi, elle doit son intérêt : n'est-il pas curieux d'étudier le creuset où se sont opérées la juxtaposition et souvent la fusion de deux éléments presque exclusifs l'un par rapport à l'autre, et les résistances qu'ils se sont opposées ?

Le tombeau sera donc la résultante de deux idées, l'idée orientale et l'idée occidentale. Mais

comme Palmyre est plus près de l'Asie que de
l'Italie et de la Grèce, la mort, *égyptienne* dans
le fond, deviendra *romaine* dans la forme. En
fait, celle-ci procède de celle-là, car on pourrait
suivre, de Menès à Auguste, les transformations
successives du *Livre des morts* enfermé dans le
cercueil des momies.

Mais au premier siècle, Rome a une théogonie
propre qui se sépare nettement des conceptions
orientales.

Comme l'Égypte, Palmyre embaumait soigneusement ses morts : il n'est pas rare, dans
la nécropole, de retrouver des fragments de bandelettes. Pourquoi? Je ne chercherai point si les
trafiquants se livraient à de savantes discussions
sur la nature du composé humain. Croyaient-ils
à l'âme et au *double* des riverains du Nil, à la
khou qui s'envolait vers Osiris sous la forme d'une
grue huppée ou d'un épervier à tête d'homme?
Peu importe. Ce qui est certain, c'est qu'ils sui-
vaient, au moins dans les lignes générales, la
doctrine égyptienne sur l'immortalité de l'âme et
sa réincarnation future; en un mot, ils croyaient
à une sorte de *résurrection de la chair*. Voilà le
point intéressant.

A Rome, au contraire, si l'âme immortelle

peut voyager des bords du Styx à l'île de Leucé
et rencontrer dans les Champs-Élysées d'autres
âmes disparues, elle sera éternellement veuve de
son corps. Le bûcher et le *colombarium* étaient
bien faits, d'ailleurs, pour y faire croire : la cré-
mation y conduit naturellement. Pline raconte
que l'usage en avait pris naissance pendant les
guerres éloignées avec les peuples à moitié sauvages : « Comme on déterrait nos morts, dit-il,
« nous prîmes le parti de les brûler. » Cet usage
eut plus tard force de loi, surtout pour des patriciens dont l'imagination de sensitive se plaisait à
enguirlander la mort, à la dissimuler, à la faire
oublier.

L'idée orientale avait trop de racines à Palmyre pour succomber devant la philosophie
d'Athènes et de Rome. Mais, avec leur facilité
d'assimilation ordinaire, ses habitants adoptèrent
une foule de cérémonies accessoires et le cortège
de certaines manifestations qu'ils ont rendues
imposantes par leurs proportions. Aussi les
monuments funéraires n'ont plus le caractère
sombre, mystérieux, des tombeaux d'Égypte ;
ils deviennent un élégant mausolée à la romaine,
avec de larges ouvertures, beaucoup d'air et
beaucoup de lumière, ce qui allait très bien avec

les goûts des Palmyréniens pour l'étalage extérieur.

Par un de ces jeux auxquels se plaisent souvent les antithèses de ce monde, on relève sur les inscriptions funéraires qui jonchent le sol ces mots : « Ce tombeau, *demeure éternelle...,* etc. »

VI

LE TEMPLE DE DIOCLÉTIEN ET LE CHATEAU TURC.

Il était près de quatre heures du soir quand nous finissions notre visite à la nécropole.

Le soleil, encore très chaud, déclinait : l'atmosphère, dégagée des vapeurs de la matinée, avait recouvré toute sa limpidité; elle était d'une transparence telle qu'on pouvait distinguer, à distance, des détails surprenants. Il était ce moment de l'après-midi où la nature, assoupie jusque-là par la chaleur, se réveille pour jouir des premières effluves de la brise du soir.

En Europe, à cette heure, les oiseaux se remettent à chanter, un souffle plus léger passe dans les arbres et les feuilles; le brin d'herbe, comme le grillon, fait sa partie dans le concert général! Musique confuse; à qui sait l'entendre, elle donne des jouissances profondes, un peu tristes, puisque le jour s'en va... Mais quelle caresse dans ces

10

accords imperceptibles! Que de douceur grave dans ce délassement des êtres! C'est l'*automne* du jour! —

En Orient, ou du moins dans cet Orient dépouillé d'arbres et de verdure où les sensations et les sentiments ont une âpreté si particulière, la nature ne parle pas. Aussi les heures qui précèdent le coucher du soleil, charmantes ailleurs, ici ne reposent, ni ne consolent... La chaleur est moins accablante, on pressent une certaine détente dans les ressorts de cette nature oppressée, presque suffoquée; rien ne chante, rien ne vit. Et le décor est toujours un peu le même, malgré les ombres qui s'allongent et les reflets du soleil sur les rochers.

Lentement nos chevaux gravissent les pentes assez raides qui mènent au chateau turc. Près d'un aqueduc ruiné qui chemine à flanc du coteau, le long de la vallée, se dresse encore un joli temple qu'on attribue à Dioclétien, parce qu'une architrave, à moitié brisée, porte en latin les noms de Dioclétien, de Constance et de Maximien. Il est presque entier, avec les colonnes de son portique de face : mais les portiques latéraux, dont on retrouve encore quelques vestiges, ont entièrement disparu. Il est classé, avec raison, parmi les chefs-d'œuvre de l'art néo-grec. Tout y est gracieux, élégant, et les détails sont extrêmement soignés. Est-ce un temple ou un tombeau? L'enfoncement semi-circulaire de la *cella* est certainement pratiqué pour recevoir la statue d'un dieu. De plus, le temple est à l'intérieur de l'ancienne enceinte, et nous savons que la nécropole était tout entière en dehors. Ce n'est pas une raison absolue, mais il semble qu'on pourrait très bien lui donner l'origine suivante : Dioclétien avait décerné le titre d'*Auguste* à Maximien pendant l'année 286, après la pacification de la Gaule; d'autre part, Constance-Chlore et Galère ne furent proclamés Césars qu'en 293, le premier comme lieutenant de Maximien, le second comme héritier de Dioclétien. Le temple ne peut donc pas dater du premier séjour que l'Empereur fit en Syrie, puisque la tétrarchie fut fondée trois ans plus tard.

Très probablement cet édifice fut un *ex voto* en l'honneur de la victoire remportée en 297 par les deux tétrarques sur Narsès, roi de Perse, si importante pour l'empire romain qu'on l'a comparée au succès d'Alexandre à Issus. Ce brillant fait d'armes, qui donnait à l'Empire Circesium, Singare, Ninive et les cinq provinces *tigritaines* valaient bien un temple à Jupiter, que Dioclétien affectionnait particulièrement. On ne retrouve pas sur l'architrave le nom de Galère; mais il serait invraisemblable que le nom du quatrième tétrarque, lieutenant du vainqueur des Perses, n'y ait pas été inscrit avec celui de son collègue Constance.

S'il est intéressant d'insister sur la date de ce monument, c'est qu'en dehors des murailles de Justinien, le temple de Dioclétien est la dernière création de l'époque impériale à Palmyre. Dès la fin du troisième siècle, la vie s'en va; le repos vient, les ruines commencent.

Le château turc est un reste du passage des Tartares; il est donc appelé « turc » par confusion, car Tamerlan et Bajazet n'avaient rien de commun. On croit généralement que l'occupation de la colline date des Sarrasins; cependant la forteresse actuelle n'est pas antérieure au quatorzième siècle. Elle est très crânement perchée sur le point le plus élevé du massif que les géographes désigneraient sous le nom de ligne de partage des eaux entre la Syrie méditerranéenne et le bassin de l'Euphrate. Situé à une altitude de quatre à cinq cents mètres et complètement

LE CHATEAU TURC
ET L'EXTRÉMITÉ OCCIDENTALE DE LA GRANDE COLONNADE
(État actuel.)

en dehors des routes ordinairement suivies, ce nid d'aigle ne pouvait avoir aucune intention « défensive » sur Palmyre ou le pays environnant. Au temps des balistes et des catapultes, la fortification n'aimait pas encore à couronner les crêtes. Une seule porte y donne accès, précédée d'un fossé sur lequel on a jeté deux troncs de palmier à moitié pourris.

C'est là que venaient se réfugier les arrière-gardes sarrasines ou tartares, traquées par les Grecs de Zimiscès ou les Turcs de Bajazet. La bourrasque finie, elles reprenaient leur vol, ne laissant dans leur repaire que quelques vedettes et quelques gardiens des trésors pillés.

En lui-même, le château, assez bien conservé, n'offre rien de très curieux, mais la vue qu'on découvre sur Palmyre est admirable.

Quand on connaît, même superficiellement, les détails d'une ville ou d'un pays, une vue d'ensemble est nécessaire pour mettre chaque chose à sa place. L'attention qui s'est émiettée se recueille, se contient, se fixe. Les observations se transforment en opinions raisonnables, et le jugement y trouve son compte. Préoccupés d'analyses depuis deux jours, notre esprit était mûr pour la synthèse, il la désirait même afin d'emporter, à l'heure du départ, une image qui soit comme l'abrégé vrai de ses impressions.

De là-haut, le coup d'œil est vraiment curieux : à nos pieds, sur une longueur de plus trois mille mètres, le géant de marbre se détache en relief, étendant sur la plaine ses grandes articulations disloquées. Le temple de Baal est sa tête, le temple de Dioclétien ses pieds; son corps, amaigri et dépouillé, montre aux rares passants ses côtes fantastiques. De ses bras, à peine s'il en reste quelques tronçons, vestiges de muscles puissants, mais desséchés. A droite et à gauche, quelques doigts, à demi enterrés, émergent du sable. Enfin, tout autour du colosse, dont la tête repose sur une fraîche et verte chevelure de palmiers, on a roulé des blocs énormes comme pour empêcher les voleurs de cadavres de lui dérober ses ornements... Le soleil du soir l'éclaire merveilleusement, les colonnes roses se détachent sur un fond d'or; la pourpre et l'hermine lambrissent les murs des palais et des temples, s'opposant l'une à l'autre, mariant leurs tons un peu vifs au velours sombre des palmiers, et tout cela d'une douceur infinie, dans une harmonie dont la nature seule a le secret! Au delà des ruines, le désert.. Immensité de sable d'un jaune

ardent, dont les teintes se dégradent insensiblement jusqu'à l'horizon, sans limites visibles, immobile comme le bleu du ciel. Pas un accident,
pas une ride, pas une vague, pas une voile sur
cette mer indéfinie...

La mer?... Non, la mer a surabondamment ce
qui manque au désert, le mouvement.

Notre esprit, qui tend naturellement à ce qui
est grand, se réjouit du vaste horizon : il s'y
complaît, il s'y repose. Mais l'homme est ainsi
fait que la vue de l'espace ne lui suffit pas. Il
demande à la nature de s'animer, de respirer, de
parler, de vivre.

Or, cette immensité qui est là, devant nous,
s'étend par delà les horizons dans une éternelle
immobilité. Le désert est muet. S'il dilate les
yeux et l'esprit, il n'a ni pulsations, ni vibrations
qui parlent au cœur.

D'ici, du château turc, Volney, — encore
lui, — évoqua le génie des tombeaux. On est encore mieux placé pour évoquer le génie de l'histoire. Nous sommes très bien, là-haut, pour juger
les coups que vont se porter l'Orient et l'Occident.
La mise en scène est grandiose. Les acteurs sont
intéressants : d'abord une femme, Zénobie, de
la race des Cléopâtre et des Artémise, puis un

empereur romain, Aurélien, chacun avec leur
cortège de mœurs, leurs ambitions, leurs cours,
leurs généraux, leurs philosophes même, qui
vont lutter dans un tournoi suprême, décisif, et
écrire, ou plutôt effeuiller une page de l'histoire
romaine, animée et sanglante, quoique brève.

Ce n'est, tout au plus, qu'un « fait divers »;
soit. Mais les longues tragédies ne sont pas toujours les plus intéressantes.

Et il faut se presser, le jour baisse...

L'EMPEREUR AURÉLIEN

(270-275 ap. J.-C.)

(D'après une médaille antique. — Bibliothèque nationale.)

VII

L'EMPEREUR AURÉLIEN.

Deux personnages occupent la scène vers le milieu du troisième siècle : l'empereur Aurélien et Zénobie, reine de Palmyre.

Nous connaissons la reine. Quant à l'empereur, il suffit de regarder son buste au Vatican pour en avoir une idée. Cette tête est commune, mais énergique. Dans les traits de ce *facies* aux pommettes saillantes, dans ce froncement très accusé des sourcils, il y a une fermeté qui ira jusqu'à la dureté. On sent qu'on est en face de *quelqu'un*, d'un caractère.

En effet, Aurélien tranche vigoureusement sur toutes les médiocrités *augustes* qui se succèdent depuis un siècle à la tête des légions; il repose des Caracalla, des Macrin ou des Commode, qui avilissent la pourpre romaine : la note dominante de cette physionomie au front bas, à la

bouche impérative, d'où va sortir un commandement, c'est l'énergie, la volonté.

L'expression de cette volonté a été brutale. Ni
l'éducation, ni le contact de la société de Rome
ne l'ont adoucie et polie : Aurélien, fils d'un pay-
san pannonien, aima surtout les exercices du
corps et les rudes travaux des camps. C'est ce qui
faisait dire à Dioclétien : « Aurélien était plutôt
fait pour être général que pour être empereur. »
Général, il en possède toutes les qualités, surtout
celles de général de cavalerie. C'est un vrai
chef : il sait forger l'outil dont il doit se servir.
Manu ad ferrum, Aurélien « le fer en main »,
tel est le beau surnom que les soldats lui donnent.
Il peint l'homme. Ardent au combat, payant de
sa personne, doué de cet entrain à tout rompre
qui est la caractéristique des combattants à
cheval, l'Empereur a, dans la bataille, la rapidité
de conception, la netteté de vue, en un mot
l'*éclair* qui illumine le chef de cavalerie dans la
mêlée. Il va plus loin, il ruse avec son adversaire, il combine ses opérations. Dans les deux
batailles d'Antioche et d'Émèse, les seules que
nous ayons étudiées avec quelque soin, parce
qu'elles sont le signal de la ruine de Palmyre,
Aurélien ne s'engage jamais sans avoir un plan

et sans s'être assuré que ses tribuns l'ont bien compris. Il se présente devant l'ennemi, nous dit Zosime, *toujours prêt à combattre*, mot très profond qui signifie : coup d'œil, prévoyance, intelligence. L'empereur n'a point oublié les besoins et les instincts du soldat. Une lettre de lui, adressée à un officier subalterne, et citée par son historien Vopiscus, est remarquable : « Si tu
« veux être tribun, dit-il, si tu veux vivre, tiens
« le soldat. Que personne ne dérobe un poulet,
« un mouton, même une grappe de raisin ou
« n'exige de l'huile, du sel ou du bois. Il faut se
« contenter de sa ration ; ce que l'État donne
« suffit ; le butin se prend sur l'ennemi et ne
« doit pas coûter des larmes aux provinces.
« Veille à ce que les armes, les habits, les chaus-
« sures soient toujours en bon état ; les che-
« vaux de bât bien pansés, le mulet de com-
« pagnie, *mulum centuriatum* (décidément nous
« n'avons rien inventé !) soigné par chacun à
« tour de rôle, et tout le fourrage employé
« afin qu'on n'en détourne pas pour le vendre.
« Fais soigner gratuitement les soldats par les
« médecins, et empêche-les de perdre leur argent
« dans les tavernes ou avec les aruspices ; exige
« qu'ils se conduisent décemment dans les

« quartiers ; les querelleurs seront battus. »

Aurélien est tout d'une pièce, c'est un soldat. Aussi l'esprit militaire qui l'anime, il va l'apporter dans le gouvernement. A Rome, il sabre les patriciens et les sénateurs révoltés comme il a sabré les Vandales et les Goths dans les champs de la Pannonie et de la Mésie : avec lui, tous les tribunaux deviennent des cours martiales.

Comme les natures auxquelles répugnent d'instinct les discussions compliquées de la philosophie, il a le sens religieux. On dirait aujourd'hui qu'il est *simpliste :* les guerriers le sont généralement. Il croit à la religion comme à la patrie et ne craint pas, un jour de défaite, de gourmander vertement les sénateurs pour avoir tardé à sacrifier aux dieux et négligé la consultation des livres sibyllins. Mais sa foi ne s'embarrasse pas dans le polythéisme compliqué du paganisme ; il est plutôt monothéiste. Aurélien adore le soleil. Cette piété, qu'il tient de sa mère, prêtresse dans un temple, ira chaque jour se fortifiant. Au jour du combat, c'est ce dieu qu'il invoquera, et après la victoire, il lui élèvera, à Rome, un temple splendide.

En fait de plaisirs, il ne se permet que ceux de la table, car, nous dit un des auteurs de l'*Histoire Auguste,* il est *libidinis raræ.* Un de ses passe-temps était, dit-on, d'assister aux repas d'un certain Phagon, consommateur intrépide qui, un jour, absorba devant lui « un sanglier tout entier, cinq pains, un mouton, un porc, et but par un robinet à même d'une jarre énorme qu'il mit à sec (1) ».

Sa vraie passion était le cheval. A Rome, tous les matins, même quand il était indisposé, il galopait ses chevaux sous un long portique de mille mètres, qui avait été construit tout exprès.

Enfin son endurance était extrême. Aurélien régna cinq années, de 270 à 275 après Jésus-Christ. Il trouva cependant le temps et les moyens de faire dix expéditions, courant de la Rhétie à la Pannonie, de la Gaule à la Dacie, du Neckar et du Mein à l'Euphrate en passant par Byzance et l'Asie Mineure, et de l'Égypte à la Gaule. Aurélien est infatigable, c'est un Romain de la grande époque.

Disons, pour terminer, qu'en homme pratique l'empereur avait adopté la formule de gouvernement paraphrasée par Henri IV : « Le peuple, « bien nourri, bien vêtu, est toujours facile à

____

(1) VOPISCUS.

« gouverner. » Un roi de Naples dira plus tard :
« *Festa, forca; farina.* »

Énergique, ardent, dur pour les autres comme pour lui, homme aux résolutions rapides et à la volonté de fer, avec une intelligence de soldat servie par une bonne santé, tel est l'homme qui triomphera de Zénobie et mettra fin à la grandeur de Palmyre.

VIII

DU FRUIT QU'ON PEUT RETIRER DE L'ÉTUDE D'UNE CAMPAGNE DE SYRIE EN 272.

Ni Zénobie, ni les habitants de Palmyre ne se doutaient, quand Aurélien succéda à Claude, de l'effondrement qui se préparait.

On eût également bien étonné le futur vainqueur de Zénobie, malgré les sibylles et les apparitions d'Apollonius, en lui annonçant que, dans soixante ans, Rome ne sera plus la capitale de l'empire. La constitution des États est comme la santé des hommes : il y a des maladies que les médecins ne découvrent qu'à l'autopsie.

Pour le moment, c'est-à-dire en mai 270, les monnaies frappées en Orient représentent sur une face la tête *laurée* de Waballath, et sur l'autre le buste *radié* de l'empereur.

En réalité, Zénobie — ou Bathzébinah — règue en souveraine dans l'Asie antérieure. Elle est reine de Palmyre, et bientôt les médailles, les pierres milliaires la décoreront du titre d'*Impe-ratrix* et d'*Augusta*.

Nous sommes au sommet de la courbe ascendante. Jamais la ville du soleil et des colonnades n'a été plus riche, plus fastueuse, plus dépensière. Les visiteurs, qui arrivent de tous côtés, ont l'impression qu'eut la reine de Saba devant le temple et le palais de Salomon. C'est un éblouissement de marbre, de bronze, de métaux, de tissus rares, de pierres précieuses, de couleurs. Zénobie a monté sa maison à l'orientale, donnant audience sur un trône d'or couvert d'émeraudes et de saphirs, toute vêtue de pourpre, coiffée d'un casque d'argent qui porte en visière une tête d'homme et, au sommet, des béliers ou des griffons ombragés par de grandes plumes d'autruche ; elle est entourée d'eunuques et de jeunes filles qui s'approchent d'elle en rampant à la mode persane (1) : un vrai fantasme, une apparition d'un monde idéal où les désœuvrés de Rome et d'Athènes couraient à la recherche de sensations inconnues...

Mais les hommages ne suffisent pas à la reine.

____

(1) Lucien Double, *les Césars de Palmyre*, chap. VII.

Elle a une ambition à satisfaire : son entourage s'en charge.

Pénétrons dans son palais. D'abord les conseillers civils, le pouvoir *législatif* : Longin, un rhéteur grec, et Paul de Samosate, archevêque chrétien, bientôt hérésiarque. Nous aurons l'occasion de faire plus ample connaissance avec eux. Ensuite, l'élément militaire, le pouvoir *exécutif*, trois généraux : Septimius Zabbaï, Septimius Zabda, tous deux parents des Odenath, l'un stratège, général du *dedans*, chargé de la sûreté intérieure, l'autre général du *dehors*, à qui on confiera les lointaines expéditions, enfin Timagène.

A eux cinq, ils forment le *conseil* de Zénobie. Une grosse décision a déjà été prise : on a conquis l'Égypte sur Probus, lieutenant de l'empereur Claude. Dès lors, Zénobie ose rêver un empire d'Orient dont elle sera souveraine. Pourquoi pas? Cette idée n'est point neuve : d'autres cerveaux l'ont conçue avant elle.

Peu après, Aurélien succède à Claude et le jeune Waballath meurt. L'impératrice régente continue à régner pour ses deux autres fils, Hairan et Thaimela. Devinant les embarras du nouveau César avec des peuples au nom barbare,

appelés Juthunges, Vandales, Goths, elle arrête
définitivement son plan; sans autres ménage-
ments, elle entame son exécution et lance une
armée à son extrême droite comme elle a déjà
opéré, en Égypte, à son extrême gauche. Cette
fois, elle a l'audace de s'attaquer à la Bithynie,
à côté du Pont-Euxin, en face de Byzance.

C'est alors qu'Aurélien se décide à se présenter
à la reine de Palmyre et à lui apprendre qu'il
existe quelque part un empereur romain.

Une grande expédition militaire, deux grandes
batailles et un siège vont s'ensuivre... Qui en
parle aujourd'hui? Les batailles d'Antioche,
d'Émèse, le siège de Palmyre?... Ce furent pourtant le Solférino et le Sébastopol de l'époque,
que ces « menus faits », ces miettes de l'histoire
qui mirent aux prises un homme, vrai soldat,
vrai conducteur d'hommes, vrai chef, et une
femme, dernière incarnation orientale de Sémiramis.

Tout cela paraît bien rétrospectif! On a soutenu que l'étude des batailles de l'antiquité était
bonne tout au plus à développer une érudition
stérile. Entre le javelot et le fusil Lebel, il n'y a
aucun rapport...

Pardon. D'abord, il y a l'homme qui tient le javelot ou le fusil, l'homme avec son âme, son cœur, c'est-à-dire le côté *immatériel* de la guerre, la recherche de cette puissance morale après laquelle nous courons aujourd'hui comme on courait il y a vingt siècles. Car Dieu est-il toujours pour les *gros bataillons?* On l'a cru longtemps; on commence à en revenir. Bien des relations existent entre les phalanges, les légions, et nos corps d'armée, nos divisions. « Il n'y a qu'une tactique », me disait un homme qui réfléchit sur la philosophie militaire.

Je n'insisterai pas davantage, car Aurélien me fait ici la partie belle : il est surtout cavalier. Or, on entend souvent répéter que la cavalerie est la seule arme qui, depuis l'antiquité, soit restée stationnaire.

En effet, l'homme est le même, le cheval aussi, ou à peu près; l'armement des combattants à cheval n'a guère changé : de tous temps, il y a eu des cavaliers *lourds* et des cavaliers *légers.* Les Parthes étaient recouverts de casques et de cuirasses en fer; les Numides avaient un simple vêtement de laine. Les bas-reliefs de la colonne Trajane montrent le cavalier romain armé d'une cuirasse, d'un bouclier et d'une lance, qui était, dit Polybe, « ferrée à son extrémité inférieure afin qu'elle puisse servir encore quand la pointe en était brisée ». Les cavaliers auxiliaires illyriens, dalmates, pannoniens n'avaient pas de cuirasse, tout en combattant avec le glaive ou la lance. De nos jours, enfin, il y a des *cuirassiers* et des *chasseurs*.

Quant au « mode d'action » de la cavalerie, les plus profanes en ont au moins une idée, il s'appelle la charge. La *charge!* beau cri de guerre, sonore comme le galop du cheval ou le vol de l'aigle! Mot magique, fécond, qui dans tous les temps a soulevé les poitrines et fait abaisser les sabres!...

Je crois bon, pour la clarté de mes batailles, d'ouvrir ici une brève parenthèse.

Que vont devenir ces cohortes, ces escadrons qui rasent le sol ventre à terre et s'apprêtent à s'écraser les uns contre les autres, à la fin de leur fantastique volée?

La réponse est simple. Des deux masses en présence, l'une va continuer sa course, l'autre va plier. La particularité à signaler est la suivante : pendant que celui qui va vaincre « se sent porté en avant comme s'il glissait sur un plan incliné », le vaincu, frappé d'épouvante, avant même d'avoir senti sur sa poitrine le froid du glaive, tourne bride et fuit.

Tacite, l'homme des synthèses puissantes, a écrit : *Et qui primi omnium vincuntur oculi !* C'est par les yeux que la défaite commence ! C'est en effet par les yeux que se glisse la *froide déesse*, la Peur, qui veille, patiente, dans un coin du champ de bataille, cachée dans le cœur de l'homme comme le ver dans un fruit... Tacite a raison, surtout pour les combats de la cavalerie. L'*œil* du *corps* de cavalerie, n'est-ce pas le chef ?

Peut-être rien n'est-il changé, depuis Tacite, dans les méthodes des combattants à cheval : une chose, au moins, est susceptible de varier à l'infini : l'intelligence qui les applique.

Or, Aurélien, je l'ai dit, est « cavalier dans l'âme ». De plus, il commande à de bonnes troupes ayant fait leurs preuves, entre autres à cette cavalerie illyrienne qui est la meilleure de l'époque, légère, admirablement montée en chevaux pannoniens, instruite, souple, ardente.

L'armement du cavalier illyrien est aussi simple que son costume. Il n'a plus la pesante armure et le harnachement lourd des anciens chevaliers romains, que la cavalerie légionnaire, la *turma*,

est seule à posséder encore : l'Illyrien veut aller vite. Son cheval est tout simplement recouvert d'une selle retenue par des courroies solides, mais légères. Quant au cavalier, par-dessus sa tunique de laine qui lui descend à peine jusqu'aux genoux, il a mis un vêtement de cuir sur lequel brillent des médailles représentant des têtes de cheval. Les jambes et les bras sont presque nus : il n'a point d'étriers, souvent pas de casque. Solidement enfoncé dans la selle, les mollets collés aux flancs de son cheval et très en arrière, le corps légèrement en avant, il manie sa lance comme d'autres un simple bâton. L'étendard des Illyriens n'est pas « le *vexillum* ordi-
« naire des cavaliers de Rome, c'était un large
« sac de cuir rouge représentant un hideux dra-
« gon, fantastique image que le vent gonflait et
« qui, dans leurs charges impétueuses, dans
« leurs furieux galops d'attaque, semblait s'ani-
« mer réellement et voler au-dessus de leurs
« têtes pour les mener à l'ennemi (1) ».

A la tête de cette brillante cavalerie, nous trouvons un Franc, Pompéianus, ancêtre glorieux des Murat et des Lasalle : il fit merveille.

(1) Lucien Double, *les Césars de Palmyre.*

La cavalerie devient, au troisième siècle, indépendante des légions, auxquelles elle était jadis intimement liée. On a senti la nécessité de réunir les troupes à cheval en un seul et grand commandement : « Signe d'affaiblissement militaire », dit fort justement M. Duruy (1), que cette tendance à remplacer par un élément plus flottant, moins stable, l'infanterie légionnaire qui avait conquis le monde !

L'empereur livra donc surtout des batailles de cavalerie. Dès lors il peut être intéressant de savoir comment furent utilisées et dirigées ces grandes masses dont le chef connaissait admirablement le maniement.

Enfin, Aurélien n'est pas, après tout, un homme extraordinaire. Je veux dire par là que, malgré ses excellentes qualités, il n'a point ces facultés transcendantes qui classent certaines personnalités dans une catégorie à part, tout à fait spéciale, où se rencontrent les Annibal, les César, les Napoléon,... « points d'intersection de toutes les facultés humaines », comme disait Victor Hugo. Il est indispensable d'étudier les manifestations du génie; il n'est pas mauvais,

____

(1) V. Duruy, *Histoire des Romains,* t. VI.

non plus, de connaître l'emploi judicieux des
ressources mises par la nature à la disposition
du plus grand nombre. A ce titre, il est curieux
de secouer la poussière des papyrus de Trebellius Pollion, de Vopiscus, de Zonaras et de
Zosime.

ZÉNOBIE, IMPÉRATRICE D'ORIENT

(D'après une médaille antique. Bibliothèque nationale.)

IX

DEUX BATAILLES AU TROISIÈME SIÈCLE

L'empereur Aurélien s'occupait de reculer les fortifications de Rome, lorsqu'il apprit que la reine de Palmyre avait envahi l'Asie Mineure. Les rapports des légions de Byzance lui mandaient que seule la Bithynie était restée fidèle à l'empire : Nicée, Nicomédie, Héraclée, Chalcédoine avaient noblement résisté, mais il fallait du secours, car Zénobie disposait de forces imposantes (environ soixante-dix mille hommes.)

L'empereur n'était pas l'homme des demi mesures; l'empire est attaqué, la place du chef est à l'armée, à la tête des légions. Il laisse là ses *fabri* et son *præfectus fabrum* (1) et part pour l'Asie. Il emmène la garnison de Rome, les fameuses cohortes *prétoriennes*, prélevées sur

(1) Nous dirions aujourd'hui le génie militaire.

l'élite des légions et considérées comme « la réserve » de l'empire, excellente troupe qui servit
de modèle à Napoléon quand il créa sa *garde
impériale :* l'une valut l'autre.

« Chemin faisant, Aurélien termina diverses
« expéditions importantes : il vainquit en Thrace
« et dans l'Illyrie les Barbares qu'il rencontra.
« Un chef des Goths, Cannabas, fut tué au delà
« du Danube avec cinq mille de ses guer-
« riers (1). »

Il recueille trois ou quatre légions celtiques
du haut Danube, recrutées pour la plupart en
Barbares à demi-civilisés, Noriques et Rhètes aux
mœurs rudes qui, par une étrange coïncidence,
gardaient les frontières qu'on avait conquises
sur eux. Il est accompagné, en outre, de toute la
cavalerie illyrienne et de plusieurs cohortes
numides.

Pour se rendre compte, au moins superficiellement, de ce qu'est une armée au troisième
siècle, une digression est nécessaire.

On se rappelle que les armées romaines étaient
toujours sur le pied de guerre : elles ne passaient point, comme les armées modernes, par la

____

(1) Vopiscus.

période critique de la *mobilisation*. Quand l'ennemi se présentait, les empereurs les trouvaient prêtes et entraînées.

La légion est encore l'unité de bataille avec six mille fantassins, sept cents cuirassiers et des « machines pour lancer des traits et démolir les remparts ». C'est notre division actuelle, avec cette différence que la légion se suffit complètement à elle-même : ce qui est explicable, puisque les vingt-cinq légions, déclarées permanentes par Auguste, sont réparties presque isolément sur toutes les frontières de l'empire.

Cette organisation est en opposition formelle avec les habitudes modernes. Excepté à Rome, où les cohortes prétoriennes formaient la garde des empereurs, il n'y avait point dans l'empire ce que nous appelons des *garnisons*. Les Romains avaient pensé que l'instruction et la discipline souffriraient du contact des grandes agglomérations. De plus, il ne leur serait jamais venu à l'idée qu'une ou plusieurs cohortes pussent être, sans danger, séparées du chef de légion. Aussi la demeure naturelle de la légion est le *camp*.

Vivant ainsi loin des villes, c'est-à-dire loin des mauvaises habitudes et de la mollesse, dans un plein air qui fortifiait ses poumons et le rendait dur aux intempéries, ayant toujours les muscles en activité, au combat comme au camp, où on l'employait à remuer de la terre et à faire les admirables voies qui allaient d'un bout de l'empire à l'autre, le soldat romain n'a jamais été surpassé.

L'idée romaine, si judicieuse, a été reprise un instant au commencement du siècle par Napoléon, qui méditait beaucoup sur les anciens. Il en fit l'application à Boulogne, avant les grandes campagnes. Les vainqueurs d'Austerlitz et d'Iéna, comme les conquérants du monde, avaient mené la *vie des camps.*

Quant à la dispersion des légions sur les frontières, du Rhin au désert de Lybie, elle avait sa raison d'être, puisque les bandes de Barbares, si nombreuses qu'elles fussent, n'étaient, en réalité, que des *bandes.* N'ayant ni organisation ni commandement, elles ne subissaient pas impunément le choc intelligent des légions. Mais que Rome prenne garde! ces bandes vont devenir de vraies armées...

L'organisation intérieure de la légion est sensiblement la même qu'au temps de César, toujours divisée en cohortes, la cohorte en centuries (compagnies de cent hommes), la centurie en manipules ou escouades.

Cependant l'ancienne division en *princes,* *triaires, hastaires, vélites,* tombe en désuétude : la légion tend à perdre sa souplesse. Le chef, qui commande à des corps hétérogènes composés de Barbares ou d'étrangers, demande moins à l'expérience individuelle : il a recours maintenant à la puissance collective. Déjà, sous les règnes précédents, on avait fait des essais de retour à l'antique phalange macédonienne. Erreur fatale, qui coûtera cher à l'empire ! Singulière inconséquence, en effet, de croire à l'excellence d'un tout dont les parties sont défectueuses !

Dans la légion, la première cohorte, c'est-à-dire celle qui, daus l'ordre de bataille, est à droite, reçoit et défend l'étendard sacré : l'Aigle. L'orgueilleux oiseau est représenté posé fièrement sur une plate-forme circulaire, les ailes déployées, la tête relevée, le bec menaçant. Mais chaque cohorte a, de plus, son drapeau spécial. Les Romains avaient compris qu'au milieu du combat la direction peut échapper au chef : les *aquilifères* et les *draconnaires* servent alors de points de ralliement.

Le légionnaire est toujours armé du *pilum* et du javelot, avec l'épée courte qu'il porte à droite, retenue par une courroie passée sur l'épaule gauche et un bouclier carré en cuir peint de couleurs vives. Sur ce bouclier est inscrit, en toutes lettres, son nom avec l'indication de sa centurie et de sa cohorte : c'est donc, en même temps qu'une arme défensive, une véritable *plaqué d'identité*. Un casque, surmonté de plumes ou de touffes de crins rouges et noirs, abrite la tête de l'homme. Une cuirasse de peau recouverte de lamelles de fer et un tablier de lanières en cuir supportant de larges boutons de métal protègent sa poitrine et ses cuisses. Le fantassin, comme le cavalier, a les bras et les jambes à moitié nus.

Ces données, toutes sommaires, permettent de se faire une idée de l'aspect général des troupes impériales qui descendent en ce moment le Danube, vers Byzance, par cette belle voie que Trajan avait prolongée pendant la guerre dacique.

L'armée, fonction ou émanation sociale, ne peut pas se soustraire à la décadence générale, et bien des symptômes de décomposition se manifestent. Les boucliers sont plus petits, les armes plus légères, et si le légionnaire sait encore marcher, il est encombré d'énormes *impedimenta*. Le *service de l'arrière* se complique et s'alourdit parce que les *légats*, les *ducs* et les *tribuns*

traînent après eux toute une maison militaire (1).
Derrière les colonnes s'allongent, en files consi-
dérables, sans ordre, des chars, des chariots, des
mulets, et plus tard des chameaux, portant les
dix-sept jours de vivres réglementaires. C'est à ce
point qu'il faut un second convoi pour nourrir les
bêtes de somme et leurs gardiens!

Heureusement, les qualités du chef sont souvent le meilleur palliatif aux défauts d'une
armée.

Sans s'attarder à Byzance, Aurélien franchit
le Bosphore, qui depuis Darius et Alexandre ne
s'étonne plus des multitudes armées qui le
croisent dans les deux sens, et les troupes impériales débarquent à Chalcédoine de Bithynie. La
campagne commence. Nous sommes à la fin de
l'automne 271.

Chalcédoine! Kadi-Koeï... On a peine à se
figurer, dans la ville aux riantes maisons, aux
verts cyprès, aux minarets élégants, avec son

(1) Il fallait à un chef de légion, pour sa maison militaire,
26,000 litres de blé, 52,000 litres d'orge, 650 kilogrammes de
lard, 1,860 litres de vin vieux, 300 peaux pour faire des
tentes, etc., sans compter la solde (25,000 sesterces), qui n'était
payable qu'en bonnes pièces d'or... (Lettre de l'empereur Valérien citée par V. DURUY, *Histoire des Romains*, t. VI.)

insouciante population, ses bazars, son mouvement, la forteresse d'autrefois qui subit tant d'assauts, et la docte cité d'où partit la voix des conciles!

Cependant, la reine a reculé devant l'empereur; elle préfère se reprendre et réfléchir. Ses troupes sont rassemblées sous les ordres du stratège Zabbaï : ce sont d'abord des cavaliers arabes, scythes, perses, puis les archers de l'Osrohène et surtout la cavalerie palmyrénienne, la troupe préférée de la reine.

Contrairement aux auxiliaires, les cavaliers de Palmyre ont adopté l'armure lourde des Parthes; les chevaux comme les cavaliers sont bardés de fer et d'airain, mais les Palmyréniens, cavaliers de rencontre ou de parade, fils de marchands juifs ou d'artistes grecs, n'ont pas le sens *cavalier* de leurs voisins. « Les Parthes », dit Plutarque, « ne s'excitent pas au combat par le son « du clairon et de la trompette, mais ils font un « grand bruit de tous côtés en frappant avec des « marteaux creux couverts de cuir; et ces « instruments rendent un son sourd et affreux, « comme des rugissements sauvages et des rou- « lements de tonnerre. Ils ont fort bien observé

« que le sens de l'ouïe est celui qui porte le plus
« aisément le trouble dans l'âme, qui émeut le
« plus vite les passions et qui transporte le plus
« noblement l'homme hors de lui-même (1). »

Très juste observation. Les Parthes, d'ailleurs, ne négligeaient aucune *impression morale :*
on raconte que Suréna, combattant contre Crassus, donna l'ordre à ses cavaliers, la veille d'une
bataille, de cacher leurs armes sous des morceaux d'étoffes et de peaux. Arrivés près de
l'ennemi, les Parthes, au signal donné, reje-
tèrent brusquement les voiles qui recouvraient
leurs armures « et parurent comme tout en
feu (2)... ». Ce jour-là, les Romains furent battus.
Auprès des Parthes, les cavaliers de Palmyre
sont des petits maîtres.

Sur les conseils du stratège, les troupes palmyréniennes se retirent derrière l'Oronte, près de
la belle Antioche, où son armée trouvera des
ressources. Là, Zénobie attendra les troupes
impériales, elle les verra venir.

De l'offensive, elle passe donc brusquement à
la défensive, de l'activité au repos. Pourquoi?

Au contraire, Aurélien marche droit à la ren-

(1) PLUTARQUE, *Crassus.*
(2) *Id., ibid.*

contre de son ennemie; mais son intérêt étant
de se ménager la possession des villes importantes qui garderont sa communication avec
Byzance, il réduit deux villes jadis florissantes
et fortifiées, sur la route même de Byzance à
Antioche : Ancyre en Galatie et Tyane en Cap-
padoce. Certaines particularités intéressantes sur
les mœurs et les idées du temps se détachent du
récit de Vopiscus à l'occasion du siège de Tyane.
Un habitant fort riche de cette ville, Héraclamon,
espérant échapper au massacre général, punition,
à cette époque, des résistances prolongées, vient
au camp romain et donne à l'empereur des indications précises sur les moyens de s'emparer de
la place, dont le siège menaçait d'être fort long.
La ville prise, Aurélien fait grâce à tous ses
habitants, excepté à Héraclamon, qu'il condamne
à mort : singulière récompense du service rendu!
Il s'en explique dans une lettre à Mallius Chilon :
« J'ai laissé tuer, écrit-il, celui à qui je dois, pour
« ainsi dire, la prise de Tyane. C'est que jamais
« je n'ai pu souffrir un traître : aussi n'ai-je
« point empêché les soldats de le mettre à mort.
« Quelle fidélité, d'ailleurs, pouvait-on attendre
« d'un homme qui n'a pas épargné sa patrie? Il
« était riche, j'en conviens; mais j'ai rendu tous

« ses biens à sa famille, afin qu'on ne pût m'ac-
« cuser d'avoir fait périr un homme riche dans
« un but intéressé. » — Voilà un langage de
soldat et d'honnête homme !

Pour sauver la ville, il s'autorise alors d'une
apparition d'Apollonius, célèbre imposteur du
premier siècle, mort depuis deux cents ans, qui
lui a promis, dit-il, la victoire s'il épargnait la
ville. « Il est vrai, dit Aurélien, j'ai juré, dans un
« moment de colère, que je n'y laisserais pas un
« chien : eh bien, tuez-les tous. » — « Noble
parole, dit l'historien; mais ce qu'il y a de plus
beau. c'est le bon esprit du soldat : car toute
l'armée eut la force d'obéir à un arrêt qui la
privait d'un butin attendu (1). »

Les foules n'ont pas changé. Elles se mènent,
aujourd'hui comme au temps d'Aurélien, avec
quelques enfantillages et beaucoup de volonté.

De Tyane, l'empereur franchit les passes cili-
ciennes du Taurus. Nous pensons, avec l'auteur
de l'*Histoire des Romains,* qu'il dut prendre, par
Adana et Mopsueste, la route qui mène aux
Pyles Amanides, dans un contrefort de l'Ama-

____

(1) Vopiscus.

nus et descend à Issus. Cette route contourne
ensuite le golfe d'Alexandrette, qu'elle suit en
longeant les hautes montagnes de l'Amanus et
traverse le défilé des portes de Syrie, mettant
ainsi en communication les villes du golfe et
Antioche, dans le bassin de l'Oronte.

Après s'être assurée d'une ligne de communication avec Byzance, c'est-à-dire avec l'empire,
l'armée romaine arrive en vue d'Antioche. L' « An-
takieh moderne » ne donne point une idée de
l'antique *Antiochia ad Daphnem*, qui passait, au
temps des empereurs, pour une des villes les plus
riches de l'Orient. Daphné!... avec ses bois de
lauriers-roses, ses fêtes annuelles en l'honneur
d'Apollon Daphnéen, ses temples de Diane, de
Vénus et d'Isis, ses théâtres, ses bains!... A peine
si on trouve aujourd'hui, à Beït-el-Mâ, — la *maison de l'eau,* — quelques cases ruinées!...

L'opulente cité, qu'on voit de fort loin en
venant du nord, avec son beau lac et ses collines,
donne un nouveau courage aux légions. Mais
pour en jouir, il faudra combattre. En effet, la
reine vient au-devant de l'armée impériale, et
son armée est dans la plaine, en avant d'Antioche : c'est ici que vont encore une fois se

mesurer deux ennemis irréconciliables : l'Orient et l'Occident.

L'empereur a bientôt fait sa reconnaissance. A l'agitation de ces masses compactes et profondes, dans ces longues raies sombres, ondoyantes, tracées dans la campagne comme les sillons dans les champs nouvellement cultivés, au bourdonnement particulier de cette ruche en travail, Aurélien voit de suite quel genre d'ennemis il va combattre.

Quant à Zénobie, elle dédaigne aujourd'hui les archers, auxquels elle aura recours demain. L'infanterie, elle l'a reléguée à la garde d'Antioche, sur une colline qui domine les sanctuaires de Daphné et la route d'Émèse. La reine met donc en ligne sa cavalerie seule : encore a-t-elle écarté une grande partie de ses auxiliaires, les Arabes et les Scythes. Elle veut vaincre avec ses courtisans et ses Grecs. Au jour du triomphe, quand elle rentrera sous les colonnades de Palmyre, dans le char d'ivoire et d'or qu'elle a fait travailler et ciseler tout exprès, elle ne veut, comme escorte, que des hommes instruits et distingués.

Quel était l'effectif des partis? L'*Histoire Auguste*, Zosime et les autres, sont muets sur ce

point important. Serait-on bien loin de la vérité
en supposant une vingtaine de mille cavaliers
dans chaque camp, combattant avec un front
assez étendu, mais très dense, les chefs en avant?

Derrière les chefs, recouverts, comme leurs
chevaux, de cataphractes en écailles de fer, les
rangs se serrent à outrance, les lignes se succèdent si rapprochées, si épaisses, que le javelot
dirigé au hasard atteindrait certainement un
homme ou un cheval. Le soleil se joue sur les
casques, les cuirasses, les caparaçons, les glaives,
les boucliers. La muraille d'acier attend, presque
immobile.

Zénobie est sur le flanc des lignes; une dernière fois, calme, confiante, souriante, manœu-
vrant avec aisance une magnifique jument du
désert, elle a passé devant le front de sa cavalerie. Zabbaï a reçu ses dernières instructions : il
n'attend plus qu'un geste.

De son côté, l'empereur a pris son parti. Il
place ses fantassins dans un lieu écarté au delà
de l'Oronte : *Trans Orontem fluvium alicubi sepa-
ratim,* et donne à Pompéianus, le chef de sa cavalerie, l'ordre suivant : « N'attaque pas de front
« la cavalerie palmyrénienne toute fraîche et
« encore intacte, mais agis de telle sorte que,

« trompée par tes démonstrations, celle-ci charge
« la première. A ce moment, tu simuleras la
« retraite jusqu'à ce que la chaleur et la pesan-
« teur de leurs armes forcent les cavaliers enne-
« mis à cesser la poursuite. Tu commanderas
« alors volte-face, et, avec la troupe entière, tu te
« précipiteras sur l'ennemi, à qui tu feras payer
« cher son audace inconséquente. »

Zabbaï, le stratège, commande la charge.
Aussitôt, la cavalerie palmyrénienne s'ébranle
lourdement. La terre tremble, les cris se mêlent
au cliquetis des armes, des nuages de sable tour-
billonnent en poussière épaisse, irrespirable,
autour du cyclone vivant. Rien ne résiste à la
faux terrible qui moissonne les fuyards retarda-
taires. Derrière la trombe sont tombés, épars,
sur le sol profondément labouré, des hommes,
des chevaux, des cuirasses, des piques, des lances.

Et la cavalerie illyrienne, légère comme l'hirondelle, fuit, fuit toujours. On dirait qu'elle
rase la plaine,... pendant que le bloc d'acier,
emporté par sa propre masse, donne dans le vide
et s'épuise inutilement à la poursuite d'un ennemi
plus agile.

Tout près, mais en dehors du terrain de l'action, sur un léger monticule, une bannière rouge, le *Labarum* impérial, à l'effigie d'Aurélien, flotte au-dessus d'un groupe sombre. C'est le fanion de l'empereur...

Peu à peu, le galop des cavaliers palmyréniens s'alourdit; les masses, tout à l'heure compactes, se débandent, se désunissent, s'allongent. Le premier rang s'arrête, harassé, exténué; les chevaux, couverts de sueur, soufflent bruyamment sous les cataphractes, l'étincelante armure pâlit... La reine est victorieuse?... Tout fuit devant elle...

Alors, la bannière rouge s'avance : l'empereur, monté sur un magnifique cheval, s'approche au galop...

A ce moment, le Franc Pompéianus lève le bras droit et pousse un cri formidable... En un clin d'œil, Illyriens et Numides se reforment, comme par enchantement en lignes serrées, face à l'ennemi.

Nouveau signal de Pompéianus!... Soudain, comme mus par un ressort tendu à l'excès, les *auxiliaires* s'élancent comme des flèches et fondent avec une incroyable rapidité sur les cavaliers ennemis, immobiles, stupéfaits. —C'est à eux, maintenant, de fuir! Mais leurs chevaux, haletants sous les caparaçons trop lourds, refusent tout service. Dès lors, les Palmyréniens sont une proie trop facile. « Ils tombaient « d'eux-mêmes », dit l'historien. » Ce fut un « massacre général : les uns sont tués par le « glaive, les autres écrasés par leurs chevaux, « le plus grand nombre par ceux des enne- « mis (1). » — Aurélien triomphe,... parce qu'il « devait » triompher, dirait Tolstoï, et que les destinées de la malheureuse reine de Palmyre étaient marquées... Sans doute. Il est impossible, cependant, de ne pas reconnaître que toutes les lois *tactiques* du combat, pour employer une expression technique, ont été parfaitement observées.

L'empereur a *trompé* son adversaire, il l'a *usé*, enfin il l'a *surpris :* il *devait* vaincre.

En général, quand on étudie une action militaire, si importante qu'elle soit, on est surpris de la simplicité du plan et des moyens employés. Quand, au contraire, on descend, comme nous, à l'analyse des opérations d'une envergure modeste, ce qui frappe, c'est de voir, dans toutes les circonstances, l'application des lois géné-

(1) Zosime, *Historia nova.* Ciræ, 1674.

rales qui président aux grands événements se reproduire infailliblement dans les plus petits, et malheur à celui qui veut troubler l'agencement de ce qu'on est convenu d'appeler l'ordre des choses !

Antioche, la Capoue de l'Orient, se soucie fort peu de celui qui sera son maître. Ce qu'elle demande, c'est de se livrer, sans trouble, à son repos et à ses plaisirs. Zabbaï le sait bien. Pour faire croire à une victoire, le général palmyrénien promène dans la ville un homme grisonnant qui ressemble à l'empereur et qu'il dit son prisonnier. A l'aide de ce subterfuge, Zénobie et son armée s'échappent furtivement pendant la nuit et se retirent à Émèse.

De quelque côté qu'on s'achemine vers la Homs moderne, on aperçoit sa haute forteresse. Encore une ville d'Orient jadis puissante, à peu près déchue, comme tant d'autres ! — Elle aussi, elle eut son temple fameux, le temple d'Élagabal, ses murailles fortifiées, son aristocratie : aujourd'hui, il faut des efforts de mémoire pour se rappeler l'ancienne Émèse des Grecs !

En fuyant, la reine de Palmyre devait faire de singulières réflexions. Le nom d'Émèse avait

déjà résonné à ses oreilles dans de tristes circonstances : son époux, le courageux Septimius
Odenath, y avait été assassiné. Émèse! nom fatal!

Cependant, Zénobie ne perd point courage,
elle rassemble les débris de son armée, elle rappelle les cavaliers arabes, elle fait venir toutes
les réserves de la capitale.

Fidèle à ses habitudes, Aurélien ne perd pas
de temps. Dès le lendemain de sa victoire, au
lever du jour, il a réuni ses légions. Il s'apprêtait
à faire l'assaut d'Antioche, quand il apprend le
départ des Palmyréniens. Il s'installe alors dans
la ville et fait publier partout des édits fort
habiles qui vont calmer la frayeur des partisans
de la reine.

Antioche le reçoit en libérateur. Mais l'empereur ne s'y attarde pas. Il connaît, d'ailleurs,
la funeste et dissolvante influence de son climat,
et ce n'est pas le moment de laisser ses troupes
s'amollir. Il lance sa cavalerie à la poursuite de
Zénobie, et, suivi de son armée, il part pour
Émèse.

A la porte d'Antioche, une arrière-garde ennemie occupe encore une colline qui surplombe le
faubourg de Daphné, barrant la route que

doivent prendre les armées impériales. Toujours à l'avant-garde, Aurélien donne à la première légion l'ordre d'enlever le poste. Les javelots et les pierres tombaient dru de là-haut, et l'assaut allait coûter cher, quand l'empereur, qui surveillait lui-même l'opération, prescrit aux fantassins de gravir l'escarpement, les rangs serrés et les boucliers entrelacés, sans regarder en l'air. — On obéit toujours avec entrain aux ordres intelligents. — Aurélien, trouva les soldats « bien « disposés et tout à fait décidés à écouter ses « recommandations (1) ». Gaiement, ils enlèvent la position : en peu de temps, la troupe ennemie est culbutée et massacrée.

Après la victoire, les Romains passent sans crainte, *joyeux*, raconte l'historien, de voir leur chef marcher « avec eux (2) ». Je ne sais si Zosime a voulu faire l'éloge des troupes romaines; mais à coup sûr, il ne pouvait pas faire avec plus de discernement celui de l'empereur.

Devant Émèse, Aurélien trouve l'armée ennemie forte environ de soixante-dix mille hommes : il campe, le soir même, en face d'elle. Là, il a

(1) Zosime, *Historia nova*. Ciræ, 1674.
(2) *Id., ibid.*

donné rendez-vous à toutes les troupes asiatiques de Tyane, de Mésopotamie, de Syrie, de Phénicie, de Palestine, qui sont restées fidèles à la cause romaine; « tous combattants remplis de courage ». Les Palestiniens, surtout, étaient redoutables, parce qu'ils « portaient, outre les « armes accoutumées, des massues et des bâ- « tons ».

Pour l'empereur, comme pour la reine, la bataille du lendemain sera décisive. L'empereur sait, par expérience, avec quel poids on peut faire pencher la balance morale et quels ressorts il faut tendre pour exalter jusqu'à son paroxysme l'énergie immatérielle d'une troupe. Dès l'aube, en présence de son armée, il offre un sacrifice solennel au Dieu d'Émèse, — car l'affaire sera chaude.

Zénobie, moins confiante dans sa cavalerie, a rangé en bataille les archers de l'Osrohène, célèbres dans le monde entier : cette fois elle est résolue à user de toutes ces ressources.

L'empereur, de son côté, a aligné ses légions, sur six rangs de profondeur. Suivi du *Labarum*, il est lui-même au centre de la ligne de bataille, entouré d'un superbe état-major de *légats* et de *ducs*. Les aigles et les enseignes s'alignent dans la plaine sur le fanion impérial. La cavalerie est à chaque aile, couvrant le flanc droit et le flanc gauche.

S'imagine-t-on ce que devait être le spectacle de deux armées de l'antiquité, marchant à la rencontre l'une de l'autre dans l'ordre imposant des formations en ligne?...

Les choses ont bien changé depuis, mais « le choc en masse » existera toujours; je veux dire que dans tous les combats, à toutes les époques, des troupes en ordre serré et dense devront se précipter, se ruer en avalanche sur leurs ennemis surpris, à moins que ceux-ci, déjà apeurés ou démoralisés, n'aient pris la fuite.

Par nos *attaques décisives* on peut se faire une idée de ce qu'il y avait de puissant dans les mêlées antiques, surtout dans ces batailles de plaine où les plus formidables armées pouvaient se déployer à l'aise.

La bataille s'engage. Zabbaï ne peut contenir l'impétuosité des cavaliers arabes, « les brigands de Syrie », comme on les appelait. Dès que l'ennemi semble à bonne portée de charge, les « brigands » partent à fond de train, entraînant avec eux la grosse cavalerie.

Les auxiliaires, surpris, reculent. Malgré leurs

efforts, la situation est critique, car les cavaliers
ennemis vont tourner la ligne.

Cependant, sans tenir compte de l'insuccès
des ailes, les légions s'avancent, suivant la bannière impériale. L'empereur marche droit devant
lui, au pas de son cheval. Bientôt, voyant la ligne
ennemie abandonnée par la cavalerie qui se livre
à une poursuite folle, flotter et se disjoindre,
Aurélien lance contre elle ses légions bien compactes. Celles-ci, le glaive haut, d'un pas résolu,
poussant des cris effrayants, se ruent sur les
archers de Palmyre.

Le choc se produit, la mêlée commence. Les
rangs ennemis se détendent, les trous s'élar-
gissent, pendant que la cavalerie de la reine se
replie pour porter secours aux fantassins.

Mais aux barbares de Rhétie de frapper alors
à coups redoublés sur les archers de l'Euphrate,
stupéfaits de ce corps à corps subit. Les Palestiniens, paraît-il, font merveille avec « leurs massues et leurs bâtons ». Un grand massacre, dit
l'historien grec, suit cette manœuvre. Les Orientaux fuient en désordre vers la ville. La défaite
est un désastre. Bientôt, la plaine se couvre de
cadavres d'hommes et de chevaux...

A la hâte, Zénobie rassemble à Émèse un

conseil de guerre. A l'unanimité, on décide de confier le dernier espoir de l'Orient aux murailles de Palmyre. Et la reine, qui était sortie en triomphatrice de sa capitale, emmenant avec elle le char qui devait lui servir après la victoire, y rentrera laissant derrière elle la moitié de son armée.

Le premier soin d'Aurélien, dit Vopiscus, en entrant dans Émèse, fut de se rendre au temple d'Élagabal et de s'acquitter envers les dieux : ce n'était que justice.

La bataille d'Émèse nous paraît tout aussi inté ressante que la précédente : elle est remarquable en ceci, comme le fait observer un historien, que l'insuccès du combat de cavalerie fut rétabli par le courage des fantassins.

On peut faire une autre observation : outre l'énergie et le sang-froid, Aurélien, dans ces deux combats, a montré de l'habileté, de l'à-propos, et même de l'*art* : il *sait* être battu ; non-seulement il ne se trouble pas des échecs partiels, mais encore il en profite, bien plus, il les suscite, comme à Antioche, pour les faire tourner à son avantage. —— Cette faculté, César et Napoléon l'ont possédée au suprême degré. Je me souviens qu'un jour je fus étonné d'entendre dans la bouche d'un homme très versé dans la psychologie militaire cette phrase : « Napoléon Ier fut un grand artiste. »

Tolstoï a-t-il bien saisi ce côté « artistique » de l'adversaire de Koutouzow? L'influence des événements et des grands courants, qui entraînent souvent l'activité humaine, est évidente; mais il y a des fleuves, des torrents que le génie peut endiguer et déplacer pour les faire servir à son avantage.

Ceci dit en passant, notre Aurélien n'est pas Napoléon.

X

FINIS GLORIÆ.

Les empires finissent généralement par l'écrasement des forces « actives », les armées, et par la destruction des forces « passives », les places fortes. — C'est la règle générale.

Cependant Zénobie tient à sa capitale. Les architectes et les ingénieurs grecs, chargés de fortifier la ville, y ont apporté toutes les inventions connues. Palmyre est pourvue de remparts solides; c'est une sorte d'enceinte en redans dont les angles sont couronnés de tours. D'une tour à l'autre, on a tendu des étoffes de laine et de bourre destinées à amortir les flèches des assiégeants. La place est munie de cataphractes, de boucliers, d'onagres, de balistes et de toutes les machines que l'art de la défense des places pouvait mettre en œuvre au troisième siècle. Enfin les approvisionnements en subsistances de toute sorte sont assurés pour plusieurs mois et les sources de l'oasis sont inépuisables : « On ne « saurait dire, écrivait Aurélien, ce que les Pal- « myréniens ont de flèches, de machines, de « traits et de pierres. Il n'y a pas un endroit « des murailles qui ne soit défendu par trois ou « quatre rangs de balistes. Les machines lancent « jusqu'à des flammes. En un mot Zénobie ne « combat point comme une femme, mais comme « un coupable qui craint le supplice. Pourtant « j'espère en la protection des dieux qui n'ont « jamais trahi les efforts de la République (1). »

Aurélien a l'habitude des sièges comme il a celle des combats. Il n'est pas long à deviner toutes les difficultés de celui-ci. De plus, les communications avec Émèse par le désert sont souvent interceptées, les nomades étant, comme aujourd'hui, fort habiles à piller les caravanes. Il faut donc ruser avec l'adversaire : là où la force est impuissante, quelquefois la diplomatie réussit.

L'empereur écrit en grec la lettre suivante : « Aurélien, maître du monde romain, vainqueur « de l'Orient, à Zénobie et à tous ses alliés dans « la guerre. — Vous eussiez dû me prévenir en

______

(1) Fl. Vopiscus, *Histoire d'Aurélien.*

« accomplissant de vous-mêmes l'ordre que vous
« transmet la présente lettre. Rendez-vous, et je
« vous garderai la vie sauve. Zénobie ira s'établir
« avec les siens dans la résidence que lui auront
« assignée les décrets du Sénat : elle livrera au
« trésor romain tout ce qu'elle possède en pierres
« précieuses, argent, or, soie, chameaux et che-
« vaux. Palmyre conservera son indépendance. »

Il était adroit de détacher la cause de la reine
de celle de ses sujets. Zénobie lui répondit :
« Zénobie, reine d'Orient, à Aurélien Auguste.
« Personne, avant toi, n'avait fait par écrit une
« telle demande. A la guerre, on n'obtient rien
« que par le courage. Tu me dis de me rendre,
« comme si tu ne savais pas que la reine Cléo-
« pâtre a préféré la mort à toutes les dignités
« qu'on lui promettait. Les secours de la Perse
« ne me manqueront pas. J'ai pour moi les Sar-
« rasins et les Arméniens. Vaincu déjà par les
« brigands de Syrie, Aurélien, pourrais-tu ré-
« sister aux troupes que l'on attend de toutes
« parts? Alors, sans doute, tombera cet orgueil
« ridicule qui ose m'ordonner de me rendre,
« comme si la victoire ne pouvait t'échapper (1). »

(1) Fl. Vopiscus (traduction de Panckoucke).

La réponse était aussi fière que la demande était habile.

Dès lors, Aurélien déploie, dans ces attaques, une vigueur incroyable. Il fait venir, au prix de de l'or, des archers persans, il entoure la ville d'une ligne de contrevallation destinée à repousser les sorties des assiégeants, il fait creuser des mines pour ébranler les murs. Enfin il fait donner l'assaut de tous les côtés à la fois pour disperser l'attention de l'ennemi. Dans l'antiquité, toutes les opérations militaires où l'on doit en *venir aux mains* ont cela de curieux qu'elles dégénèrent presque toujours en étreintes individuelles; le corps à corps est constant, la lutte prend un caractère personnel. Ainsi, du haut de leurs tours, les Palmyréniens se raillaient des assiégeants, comme si la ville eût été imprenable. Un archer, fort habile homme à ce qu'il paraît, ne se lassait pas de proférer, depuis le commencement du siège, des paroles injurieuses à l'adresse d'Aurélien. Un jour, un Persan dit à l'empereur : « Si tu l'ordonnes, tu vas bientôt voir mort l'homme qui t'outrage. » Aurélien approuve du geste. Le Persan se cache derrière quelques hommes qui étaient là, tend son arc, y met un javelot et le lance. Le javelot transperce l'homme au moment même où il débitait encore des injures (1).

Mais les attaques partielles ne réusissent pas. Aurélien va user de la dernière ressource qui reste aux assiégeants : il prendra Palmyre par la famine. D'ailleurs, rien n'échappe à sa vigilance. Les secours envoyés par la Perse, il les intercepte ; les auxiliaires sarrasins et arméniens annoncés par Zénobie, il les gagne par la ruse, la terreur ou l'argent. Une surveillance des plus rigoureuses est exercée autour de la place : la ville, déjà isolée par les déserts qui l'entourent, est séparée du reste du monde et condamnée à vivre sur elle-même. Patiemment, alors, Aurélien attend son heure.

Au palais de la reine, on a tenu conseil. Longin, Paul, Zabbaï, Timagène sont là. Comme à Antioche et à Émèse, on va chercher, dans la fuite, le salut, sinon la gloire. Mais où fuir?

Zénobie, oubliant que son époux, Odenath, a été l'ennemi juré de Sapor, se résout à demander asile à Bahram, son successeur. Avant tout, il faut gagner l'Euphrate. Quand la reine aura mis le fleuve entre elle et l'empereur, elle sera

(1) Zosime.

tout à son aise pour négocier des alliances.

Une nuit, montée sur un dromadaire, la reine, trompant la vigilance des assiégeants, franchit les lignes ennemies et gagne le chemin du désert, l'âme en proie à toutes les angoisses, trop fière pour aller se jeter aux pieds de son ennemi, trop chaste pour acheter la vie et le pardon...

Mais les sentinelles, détrompées, ont donné l'alarme et Aurélien veille. L'empereur a vite fait de lancer contre la fugitive quelques cavaliers. On ramène bientôt la malheureuse reine à la tente de l'empereur. « Comment as-tu osé », lui demandé Aurélien, « outrager la majesté des « empereurs romains? » Zénobie était femme... — « Je te reconnais pour empereur », répondit-elle, « toi qui sais vaincre; mais les Gallien, les « Auréole ne l'étaient pas! » — Cette réponse lui sauva la vie.

Palmyre était définitivement vaincue : elle se rendit, offrant à l'empereur les magnifiques trésors entassés depuis des siècles, les robes couvertes de pierreries, les mitres d'or, la pourpre merveilleuse que les amateurs de l'époque appelaient un *tissu divin*, les broderies superbes qui allaient orner les temples. Aurélien pouvait revenir à Rome : la moisson était abondante et le butin copieux.

Palmyre était vaincue ; il ne lui restait qu'à être ruinée.

Ce fut la faute des Palmyréniens. Aurélien avait laissé à Palmyre une garnison de six cents archers commandés par Sandarion. Un beau jour les habitants, pris de velléités d'indépendance, massacrent les soldats romains et font roi un certain Antiochus, parent de Zénobie.

L'empereur était à Byzance et guerroyait contre quelques peuplades insoumises. Furieux, il retourne sur ses pas.

Pour se faire une idée de la violence de l'empereur, on ne peut que citer la lettre qu'il écrivit, après le châtiment, au tribun Céjonus Bassus. Quand un navire a fait naufrage, il n'est pas inutile de connaître comment la tempête l'a englouti : « Je ne veux pas, écrit Aurélien, que « la cruauté des soldats aille plus loin. C'est « assez de victimes comme cela dans Palmyre. « Nous n'avons pas même épargné les femmes; « nous avons tué les gens des campagnes. A qui « laisserons-nous donc les champs et la ville? Il « faut faire grâce à ceux qui restent. Tant de

« sang répandu a corrigé pour jamais le petit
« nombre de ceux qui leur survivent. Quant au
« temple du Soleil, que les aquilifères de la
« 2ᵉ légion ont pillé avec les porte-enseigne, les
« porte-étendard, les clairons et les musiciens,
« j'entends qu'il soit rétabli dans son état primi-
« tif. Vous avez trois cents livres d'or prove-
« nant de la cassette de Zénobie; vous avez les
« mille huit cents livres d'argent trouvées dans
« Palmyre, sans compter les joyaux de la reine.
« En voilà bien assez pour réparer un magni-
« fique temple et vous rendre ainsi agréable à
« moi-même et aux dieux immortels. Je vais
« écrire au Sénat d'envoyer un pontife, pour en
« faire la dédicace. »

Cette fois, c'était fini, et pour toujours. Le *pieux*
Aurélien pouvait retourner à Rome et triompher
à son aise de Zénobie et de Tetricus. Monté sur
un char richement incrusté d'or, d'argent et de
pierres précieuses que traînaient quatre magnifiques cerfs, il va sacrifier, au Capitole, à Jupiter
Très-bon et Très-grand. L'écho des gémissements
humains qu'il entendit sous ces portiques ne
fera pas trembler cette main de fer, *manu ad
ferrum.*

Quant à Zénobie, on n'en parla plus. Les con-

tradictions des auteurs ne sont pas de nature à
établir, à son sujet, quelque vérité historique.
On l'accuse de s'être retirée tranquillement dans
une très jolie villa, à Tibur, après d'assez lâches
dénonciations. C'est possible. Les femmes s'ac-
commodent plus facilement que nous des change-
ments de situation; leur nature est plus souple
et se prête davantage aux sautes brusques de la
fortune; elles sont plus impressionnables, plus
sensibles, mais elles prennent plus vite leur parti.
Cependant, le beau ciel d'Italie et le temple du
Soleil, *ex-voto* de la bataille d'Émèse, devaient
bien rappeler à l'ancienne Reine des Rois le
soleil du désert et le temple de Baalsamin,... et
j'imagine qu'à certains jours elle devait éprouver
de cuisants regrets.

Je n'en ai pas fini avec Zénobie; je vais être
amené à en reparler. Mais j'achève de suite l'histoire de Palmyre. C'est facile : il n'y en a plus.
La ruine a été trop complète; les familles de
marchands chassées, décimées, allèrent se fixer
ailleurs; les caravanes s'y arrêtèrent encore,
mais Palmyre ne fut plus leur point de départ ou
d'arrivée, faute de courtiers et de banquiers : les
tentatives isolées de Dioclétien et de Justinien

n'aboutirent pas; le commerce prit d'autres voies...

Et puis, Palmyre n'était plus capitale. Elle était descendue à la situation modeste de simple chef-lieu où la *Prima Legio Illyricorum* tint garnison. Sous les empereurs chrétiens, elle ne fut qu'un simple évêché. Enfin, un voyageur du douzième siècle, Benjamin de Tudèle, y signale encore une colonie juive qui prétendait descendre des Hébreux envoyés par le roi Salomon. Il est probable qu'elle fut la dernière à en repartir.

Israël devait voir disparaître Tadmor, qu'il avait fondé!...

XI

LONGIN ET PAUL DE SAMOSATE. — COUP D'ŒIL SUR
LE MOUVEMENT PHILOSOPHIQUE DU TROISIÈME SIÈCLE.
LA RELIGION DE LA REINE DE PALMYRE.

Les astres ont leurs satellites, les rois ont leurs
cours, les philosophes leurs écoles et leurs partisans. En général, la destinée de la planète supé-
rieure décide du sort des étoiles de deuxième
grandeur qui gravitent dans son orbite, et l'astro-
nome a soin de marquer dans le ciel le vide
causé par leur disparition.

Il n'est donc pas sans intérêt de voir l'influence de la reine d'Orient sur son entourage et
de saisir, s'il est possible, quelque chose de la
physionomie intellectuelle et morale de ce grou-
pement singulier.

Mélange curieux, en effet, que la cour de
Zénobie !

La reine était une femme intelligente, fort
instruite, puisqu'elle connaissait plusieurs lan-

LE TEMPLE DU SOLEIL, INTÉRIEUR
(État actuel.)

gues et dissertait sur tous les sujets qui éveillaient l'attention des gens distingués de l'époque. Elle fit même, dit-on, des ouvrages : il est regrettable que ce spécimen littéraire des femmes *bel-esprit* du troisième siècle ne nous soit point parvenu. Ce qui est certain, c'est qu'elle s'intéressait surtout aux disputes philosophiques.

De qui recevait-elle ses inspirations? D'un philosophe grec de l'école d'Alexandrie et d'un archevêque chrétien qui commença une hérésie célèbre.

Sur qui régnait-elle? Sur un peuple de commerçants juifs et d'arabes qui professaient le sabéisme.

Fut-elle juive ou chrétienne? Fut-elle polythéiste ou adoratrice du soleil?

Elle fut tout cela à la fois.

Pour comprendre cet état d'esprit, il faut élargir un peu notre horizon, regarder par delà les déserts, vers l'Orient comme vers l'Occident, et prendre une vue d'ensemble, à vol d'oiseau, sur cette étrange « fin de siècle » où se rencontrent, dans une dernière lutte, le vieux monde et le nouveau : on ne peut en effet formuler de jugement sur les hommes et les choses sans les replacer dans leur milieu.

Au troisième siècle, tous les courants intellec-
tuels, soit philosophiques, soit religieux, sont
spiritualistes; ils tendent même à un idéalisme
exagéré. Il semble que le monde d'alors, las de
l'épicuréisme grossier dont les empereurs et les
aristocrates romains ont donné un si déplorable
exemple, recherche dans le mysticisme son équilibre moral. De plus, le polythéisme baisse, la
foi aux anciens dieux disparaît. Il y a deux
siècles, Virgile a bien essayé de rectifier, en les
idéalisant, les vieux mensonges d'Homère, il
n'a pu empêcher le mouvement philosophique
païen, qui s'éclairait du rayonnement d'autres
religions plus raisonnables, de considérer les
divinités de l'Olympe comme des fictions et
des symboles. Ce serait même une grave erreur
de croire à la sincérité des grands pontifes.

Grand pontife!... Auguste l'avait été, lui qui
prostituait naguère les dieux et les déesses, auxquels il sacrifiait, en les faisant figurer, dans des
repas de débauche, par des confidents et des
femmes (1)!... Et depuis Auguste, le nombre des
dieux a augmenté dans une proportion inquié-
tante... Vraisemblablement, le peuple pouvait-il

(1) Suétone.

croire aux apothéoses des Caligula, des Caracalla, des Commode?

Mais, fait remarquable, à mesure que la foi dans la théogonie païenne diminue, le sentiment religieux augmente. Il serait trop long d'en exposer les causes multiples, dont le mouvement chrétien est une des principales. Du scepticisme de Lucien on est passé à la piété d'Héliogabale; tout le monde veut croire à quelque chose. Naguère, la noblesse de Rome délaissait les hautes charges religieuses, qui étaient cependant des fonctions de gouvernement; aujourd'hui, il est de bon goût de paraître dévot, de se dire *flamen* ou pontife. Les empereurs prennent le titre de *pius* « pieux », les impératrices, celui de *sanctissima* (1).

Le mouvement philosophique est, somme toute, l'expression élevée des pensées populaires, il est comme le *substratum* des idées courantes, c'est lui qu'il est curieux d'examiner.

La lumière part alors de l'Égypte, d'Alexandrie, qui a supplanté, dans le domaine scientifique, toutes les autres villes du monde. Dans

(1) Duruy, *Histoire des Romains*, t. VI.

cette Babel de l'érudition antique, près de cette fameuse bibliothèque de neuf cent mille volumes fondée par les Ptolémées, où viennent puiser les savants du monde entier, deux chaires se sont fondées, l'une en face de l'autre, on pourrait dire l'une *contre* l'autre.

Dans la première, Ammonius Saccas, le porte-faix philosophe, avait exposé une nouvelle doctrine appelée à créer un courant d'idées considérable : le néoplatonisme. Il eut l'honneur d'avoir comme élève Plotin et Longin, qui furent tous deux ses disciples, et le célèbre Origène, qui suivit une autre voie.

Le caractère de l'école d'Alexandrie est l'idéalisme. « Ils acceptaient tout, dit M. Duruy, et à « la condition de tout interpréter (1). » — « Là », dit M. Villemain, « se formait la philosophie « orientale entre une métaphysique tout idéale « et une théurgie délirante, remontant par quel- « ques traditions antiques à la pureté du culte « primordial, à l'unité de l'essence divine, « s'égarant par un nouveau polythéisme dans « ces régions peuplées de génies subalternes que « la magie mettait en commerce avec les mor-

______

(1) V. Duruy, *Histoire des Romains*, t. VI.

« tels (1). » Cette philosophie eut un vulgarisateur. Porphyre revisa patiemment l'enseignement des maîtres. le commenta et, enfin, le publia.

Dans le seconde chaire, non moins éloquents, non moins célèbres, viennent s'asseoir Clément d'Alexandrie, l'auteur des *Stromates* (Tapisseries) ou *Mélanges* qui devaient « présenter la vérité. catholique cachée dans la philosophie comme la noix dans sa coque », Origène, l'homme *aux entrailles de bronze*, à la *constitution de diamant*, le plus grand orateur de son temps, peut-être aussi un des travailleurs les plus extraordinaires qui aient existé, enfin Denys d'Alexandrie, adversaire acharné de l'hérésie, joûteur vigoureux qui mourut à la peine.

Encouragés par les voix qui s'élevaient de la terre féconde d'Afrique, où enseignent alors Tertullien et Cyprien, ils jettent les bases qui serviront aux Chrysostome, aux Augustin du quatrième siècle à édifier leur apologétique et sur lesquelles les modernes viendront encore s'appuyer. Cette école est l'école chrétienne, elle puise aux sources des Écritures sacrées; son caractère est

(1) Villemain, *Du polythéisme dans le premier siècle de notre ère.*

la croyance exclusive, en matière dogmatique, à
la doctrine révélée.

Un abîme sépare ces deux philosophies ; elles
ont, cependant, des caractères communs. D'a-
bord, toutes deux concluent au monothéisme,
à un monothéisme *trinitaire* dans lequel les trois
hypostases néo-platoniciennes, comme les trois
personnes de l'Évangile, procèdent les unes des
autres. Ensuite, elles enseignent, avec des va-
riantes différentes, l'immortalité de l'âme ; elles
font résider le bonheur parfait dans l'union de
l'âme avec l'Être parfait, Dieu...

Et voici que toutes deux prêchent le renon-
cement aux choses terrestres. L'une, répétant
l'enseignement du Sermon sur la montagne, allait
jusqu'à dire aux Apôtres : « Ne vous inquiétez
« point où vous trouverez de quoi manger pour
« le soutien de votre vie, ni d'où vous aurez des
« vêtements pour couvrir votre corps » ; l'autre,
exagérant la doctrine de l'école italique de Cro-
tone, arrivait à un tel mépris de la chair que
Plotin, son chef, disait à ses disciples : « Mon âme
« a honte d'être logée dans un corps », et cela à
une époque qui connut tous les raffinements des
voluptés les plus recherchées. Mais, alors que la
première, cherchant à mettre en équilibre les

réalités de la vie, enseignait les moyens pratiques de triompher des difficultés quotidiennes et arrivait au bonheur par l'imitation de Celui qui disait : « Je suis venu accomplir la Loi », la seconde, se perdant dans le brouillard *gnostique*, tendait à toutes les superstitions de la magie, aux évocations démoniaques flétries par la loi des Douze Tables et les rescrits de Marc-Aurèle. C'est, en effet, par les *Archontes* que Plotin est instruit des souffrances de son ennemi Olympius ; Amélius de Syrie connaît par les esprits le sort du Maître après sa mort et les visites que son âme a cru devoir faire à Minos, Éacus et Radamanthe ; Porphyre, enfin, est plus heureux : il est en communication directe avec l'Être divin.

Si l'on voulait retrouver un engouement semblable pour ce commerce avec les *esprits*, il faudrait descendre au seizième siècle, alors que le docteur Faust allait, sur les bords du Rhin, colporter sa magie noire et que Luther, dans un moment de colère, jetait son encrier à la tête du diable.

La philosophie est-elle l'expression élevée des pensées populaires, ou bien celles-ci sont-elles, comme nous l'avons dit, le reflet, la conséquence des écrits et des enseignements de ceux qui font profession de réfléchir? Toujours est-il que la *vile multitude* du troisième siècle s'adonne aux superstitions les plus exagérées. La crédulité est poussée à son comble.

On en trouve maint exemple dans les historiens sérieux, à propos de l'expédition de Palmyre. Ils racontent, avec sang-froid, comment les sujets de Zénobie connurent d'avance tous leurs malheurs. Ceci, entre autres : un jour, un groupe de Palmyréniens se rendit à Séleucie consulter la statue d'Apollon Sarpédonien. L'empire d'Orient serait-il définitivement adjugé à la capitale du désert? Tel était l'objet de leur légitime curiosité. Leur confiance était bien placée : de ce dieu on racontait mille choses merveilleuses. A en croire la renommée, le Sarpédonien élevait, dans le voisinage de son temple, des oiseaux appelés, d'après Zosime, des « séleuciades », célèbres mangeurs de sauterelles. — « Hommes « fourbes et pervers », répondit le dieu lui-même aux gens du désert, « quittez notre maison, « vous qui vous attaquez sans cesse à une race « illustre! »

Interrogée sur le même sujet, la statue rendit une autre fois cet oracle mystique : « Un seul « faucon l'emporte par ses saints gémissements

« sur plusieurs colombes qui, sans cesse, re-
« doutent le ravisseur. »

Les Palmyréniens ne furent point satisfaits.
D'un commun accord, il fut décidé qu'on inter-
rogerait une Vénus adorée à Aphace, lieu situé
entre Héliopolis et Byblos. Il y avait, paraît-il,
près du temple de l'Aphacitide, un lac semblable
à une « citerne faite de main d'homme » ; sur ses
bords apparaissait, à des époques déterminées, au
moment des réunions solennelles, une lumière
« semblable à un flambeau ou à un globe de feu ».
La déesse avait une singulière manière de formuler ses oracles. L'habitude des visiteurs était
d'apporter des présents en or ou en argent et
même des « toiles de lin ». Pour connaître la
pensée divine, on jetait les présents dans le lac :
s'ils restaient submergés, la volonté du donateur
était exaucée ; si, au contraire, ils surnageaient,
c'était l'indice d'un mauvais présage.

Les Palmyréniens, dit-on, virent tous leurs
présents flotter sur l'eau. En gens économes,
mais peu avisés, peut être n'avaient-ils offert à
Vénus que des toiles de lin?...

— A la bataille d'Émèse, les soldats du pieux
Aurélien avaient vu un dieu apparaître sous la
forme d'un beau jeune homme. « Il est probable »,

dit M. Double (1), « que ce fut un jeune prêtre
« du temple d'Émèse qui, par sympathie pour
« le fils d'une collègue, par esprit de corps,
« peut-on dire, se jeta dans la mêlée, fut pris
« par les soldats pour le dieu lui-même, favo-
« rable erreur qu'Aurélien se garda bien de
« démentir. »

En résumé, tout devient prétexte à présage, à
interprétation surnaturelle. On vit dans la superstition comme dans l'atmosphère normale, et les
plus sages s'y laissent entraîner.

Il est juste de le dire aussi, la philosophie
d'Origène oppose au *merveilleux* païen les mi-
racles, par exemple ceux de Grégoire le Thau-
maturge, évêque de Néocésarée, qui mourait en
disant : « J'ai trouvé dix-sept chrétiens en arri-
« vant dans la ville, j'y meurs en n'y laissant
« que dix-sept infidèles. » Mais, différence essen-
tielle, celle-ci n'admettait le miracle qu'à titre
d'accident et comme un moyen *exceptionnel* de
prosélytisme. «La foi», disait Clément d'Alexandrie, « est la science des choses divines donnée
« par la révélation, mais il faut que la science
« fournisse la démonstration des choses de la

(1) Lucien Double, *les Césars de Palmyre,* chap. IX.

« foi. » Il semble que la magie soit, au contraire, le côté « pratique » du néo-platonisme du troisième siècle, où l'on trouve l'idéalisme de Parménide aussi bien que le gnosticisme de Simon le Magicien.

D'ailleurs, le christianisme aura-t-il besoin du monothéisme de Plotin pour triompher d'Apollon et de Sérapis ? Les Apôtres, sortant du pauvre petit peuple, selon l'expression de saint Jérôme, ne suffisent plus à la diffusion de l'Évangile : les apologistes sont maintenant choisis dans un milieu éclairé, studieux, littéraire, et le temps n'est pas éloigné où un empereur commencera une persécution en frappant l'Église par son côté intellectuel et lui interdira l'enseignement des lettres grecques.

Tels étaient donc les deux grands courants d'idées qui agitaient le monde des esprits, au moment où Palmyre se disait la « capitale de l'Orient ».

Zénobie ne se contente pas d'attirer à sa cour un disciple de Plotin, Longin, qui professait le néo-platonisme à Athènes. Désireuse de connaître aussi la nouvelle religion, qui commence à faire du bruit dans le monde, elle appelle une autre célébrité, Paul de Samosate, archevêque d'Antioche depuis l'année 260.

Antioche était une des villes les plus populeuses et les plus agréables de l'Orient. Pour les chrétiens, elle représentait une de leurs plus chères traditions. On y montrait les demeures de Pierre, le premier évêque, et de Paul, l'apôtre des Gentils, les deux *colonnes* de la nouvelle loi.

C'est là qu'un concile important avait rompu définitivement avec les coutumes mosaïques ou juives, et que le nom de chrétiens avait été donné pour la première fois aux disciples de l'Évangile. Antioche était la patrie de saint Luc; ce sera bientôt une métropole et le lieu des prédications de l'éloquent Jean Chrysostome.

Le futur saint Jean « Bouche d'or » n'eut point, en Paul de Samosate, un prédécesseur édifiant.

Ce dernier personnage touche de près à l'histoire de Palmyre : il mérite donc notre attention. Ses différentes attitudes donnent une idée des divisions qui se créaient déjà au sein de la religion et des abus ecclésiastiques contre lesquels les Pères du quatrième siècle vont s'élever avec tant de rigueur : de plus, elles établissent la filiation des grandes hérésies orientales dont l'écho va se répercuter en Occident, quelques siècles plus tard.

Soutenu par la reine de Palmyre, l'archevêque en profite pour obtenir du pouvoir séculier une charge financière bien autrement rémunératrice, celle de *ducénier* ou receveur général des impôts; sa grande fortune lui donnera l'existence large.

Avant tout, cet évêque, qui a des instincts d'un charlatan de Sybaris, veut frapper l'imagination. Il va dans les rues, précédé et suivi d'une foule de serviteurs qui l'escortent comme les *kawas* actuels accompagnent les représentants de puissances européennes, les jours de grande cérémonie. Il habite un palais. Pour accéder au cabinet secret dans lequel le prélat donne audience, il faut des formalités sans nombre. A l'église, il s'est fait dresser un trône élevé : c'est là qu'il reçoit, sous forme d'hymnes composées en son honneur et chantées par des femmes, les hommages des fidèles. Quand il prend la parole, c'est pour faire son propre éloge. Ses manières comme ses discours sont peu évangéliques; en parlant au peuple, « il frappe de la main sur sa cuisse et des pieds sur son tribunal ». S'il paraît au théâtre ou dans quelque endroit public, il exige que tout

le monde se lève et agite son mouchoir. Impi
toyable pour ceux qui ne sont pas de son avis, il
est arrogant avec ses partisans et ses gens. De
plus, de l'avis unanime du concile d'Antioche,
assemblé en 269 pour examiner ses idées sur
l'Incarnation, sa vie privée est bien loin d'être
irréprochable.

Paul de Samosate est hérétique par orgueil :
il continue la série des Simon et des Cérinthe,
contre lesquels saint Jean avait écrit son Évangile. Mais avec l'archevêque d'Antioche, les
arguments contre la divinité du Christ vont
prendre un caractère nouveau. Pour la première
fois, l'erreur affecte une forme scientifique. Ses
théories sont fort subtiles, et il faut réunir trois
conciles pour lui faire avouer et reconnaître,
non pas son erreur, mais sa doctrine. — En Jésus-
Christ, disait-il, est seulement le fils de l'Homme,
et si le Fils de Dieu a bien voulu habiter en lui,
il l'a fait comme un souverain habite son palais
ou un propriétaire sa maison, sans s'y incarner :
il y a donc dans le Christ non seulement deux
natures, mais deux *hypostases*... Ceci admis,
tout l'édifice catholique chancelle, car il est
inutile de rappeler que la clef de voûte en est
l'Incarnation du Verbe.

Cent cinquante ans plus tard, un patriarche de Constantinople, le célèbre Nestorius, va reprendre et développer les théories de l'archevêque d'Antioche : ses doctrines ont encore des adeptes en Turquie, en Perse, en Égypte.

Paul avait compté sans un adversaire aussi remarquable par la science et la compétence que terrible par la violence de sa parole : Denys d'Alexandrie. De son siège pontifical, le patriarche surveille les agissements de ses collègues d'Orient : aucune audace dans l'interprétation des Écritures sacrées ne trouve grâce devant lui. L'histoire de l'Église le met, à juste titre, au rang de ces gardiens de la foi qu'elle a le bonheur de rencontrer dès que le dogme semble en péril.

Denys venait d'en finir avec un Grec de la Lybie Cyrénaïque, Sabellius, le précurseur du rationalisme d'Arius, lorsqu'il entreprit une nouvelle lutte avec l'archevêque d'Antioche, plus vive, celle-ci, plus âpre, plus amère, mais très fructueuse aussi pour le christianisme. Soixante ans avant le concile de Nicée et l'arianisme, et un siècle environ avant le nestorianisme, Denys d'Alexandrie fournit les arguments à saint Athanase et au concile d'Ephèse. Ses polémiques,

très serrées, établissent déjà la plupart des dis-
tinctions que les assemblées épiscopales seront
appelées à définir *ex cathedra*, et elles fixent le
langage officiel de l'Église. C'est ainsi que le
mot *consubstantiel*, ομοιουσος, qui soulèvera tant
d'orages, apparaît déjà dans les écrits de l'évêque
d'Alexandrie.

Denys ne vit point le triomphe de sa cause : il
mourut pendant le concile qui jugea Paul en
dernier ressort et le condamna irrévocablement.
Soixante-dix évêques assemblés à Antioche
approuvent à l'unanimité la rédaction d'une lettre
synodale « adressée aux évêques de Rome et
« d'Alexandrie, à tous les évêques, prêtres et
« diacres formant l'Église qui est sous le ciel »,
lettre qui retranchait l'évêque hérétique de la
communion des fidèles.

A cette occasion, un conflit s'éleva entre le
concile et l'ex-archevêque. Paul, soutenu par la
reine de Palmyre, ne voulait point quitter la
maison épiscopale. L'affaire dut être portée au
tribunal de l'empereur romain. Avec la sagesse
que nous lui connaissons, Aurélien répondit :
« Ce sont affaires d'évêques : que celui-là con-
« serve la maison épiscopale avec qui les évêques
« de Rome et d'Italie resteront en commu-

« nion. » Ce jugement avait une grande valeur pour l'avenir; il constituait, comme le fait très justement observer l'auteur de l'*Histoire des Romains*, un précédent fort utile pour l'autorité pontificale.

On le voit, ce n'est pas d'aujourd'hui que des souverains *infidèles* sont appelés à trancher les difficultés intérieures de l'Église. Ceci dit pour consoler ceux qui s'étonnent de voir le Sultan de Constantinople régler les contestations entre Latins et Grecs dans les sanctuaires disputés de Jérusalem et de Bethléhem. Si le Christ a recommandé l'union, il a prédit la *discorde;* il est quelquefois nécessaire au père de famille d'en appeler à la force publique pour chasser les voleurs de sa maison.

Survint alors la catastrophe de Palmyre. Longin, livré par la reine, fut condamné à mort. En marchant au supplice, où il montra, dit-on, la sérénité d'un sage, il dut faire de tristes réflexions sur la constance des amitiés féminines.

Paul de Samosate, plus habile et moins fidèle, disparut du monde et de l'histoire : on ne le revit plus.

Ni l'un ni l'autre n'ont laissé après eux ce qu'on peut appeler une *œuvre*. On les connaît surtout par les appréciations et les jugements de leurs contemporains, mais l'un et l'autre sont une émanation de leur époque ; en cela, ils sont intéressants.

Telles sont les diverses influences exercées sur la reine de Palmyre : on devine leur résultante. Zénobie, fille de Grec, était Grecque de goût et de mœurs, douée, par conséquent, de cet esprit d'assimilation si remarquable dans toute la race. Sa religion est l'*éclectisme*. Qu'importe, après cela, qu'elle soit juive ou polythéiste? Aussi sa capitale offre-t-elle un abrégé de toutes les doctrines qui se partagent l'ancien monde, de Rome à Ctésiphon, en passant par Athènes et la savante Alexandrie, et c'est pourquoi, à côté du temple de Baal et du temple de Diane, nous voyons une église chrétienne et des restes de synagogues. Victor Hugo, dont le génie, à certaines heures, fut si clairvoyant, si profond, si large, a écrit : « Il y a quelque chose de fatal dans ce perpétuel « parallélisme de la littérature et de la société. « L'esprit humain ne marche pas d'un seul « pied. Les mœurs et les lois s'ébranlent d'abord ; « l'art suit. » Et qui fait s'ébranler les mœurs et

les lois, sinon la religion et les idées philosophiques?

On sait que le haut commerce de Palmyre
était entre les mains des Juifs, fidèles à des habitudes auxquelles ils ne dérogeront pas. La ville
sainte s'appelait alors *Ælia Capitolina*. Depuis les
malheurs de Barchocébas et les rigueurs d'Adrien,
les familles, chassées de leur patrie se fixent en
Syrie ou sur les bords de la Méditerranée, reliées
dans leur culte et leurs traditions par le Talmud,
qui s'élabore lentement. A Palmyre, les Juifs
avaient fort bien réussi. — Après la ruine, ils
iront ailleurs, et le « mouvement de l'argent »
se déplacera comme eux. — Toutefois, on ne
compte pas encore avec les tendances sémites.

A la même époque, partait du fond de l'Orient,
de la Perse, un esclave du nom de Coupric.
Il s'approchait de l'Occident, prêchant une doctrine bizarre. Chaussé de hauts brodequins pour
ajouter à sa taille, vêtu d'un manteau flottant
de couleurs diverses « qui donnait à sa démarche
quelque chose d'aérien », il avait une jambe
enveloppée d'une étoffe rouge, l'autre d'une
étoffe verte, un grand bâton d'ébène à la main

et sous le bras un livre écrit en caractères baby-
loniens. Ce singulier personnage se donnait le
titre de *Paraclet*, et le peuple l'appelait *Manès*,
c'est-à-dire *Éloquence*.

Que de tempêtes il apportait dans les plis de
son manteau! Son système n'était point nouveau,
cependant. Il prêchait la dualité persane, les
vieilles croyances personnifiées par Ormuzd et
Zerdast, qu'il avait cru rajeunir en leur donnant
une forme chrétienne. La théogonie mani-
chéenne allait soulever une polémique plus vive
que les hérésies précédentes.

Encore une nouvelle semence de haine et de
division!

De ces heurts, de ces confusions, que va-t-il
sortir? On peut se le demander, vraiment, surtout devant les ruines encore fumantes de Palmyre? Au dehors, chacun cherche sa voie, les
idées se choquent, se croisent, se contredisent.
Cicéron peut être fier des rhéteurs du troisième
siècle; ils soutiennent avec la même facilité
le pour et le contre — *in omni causa duas
contrarias orationes explicari.* — Les esprits les
plus pondérés se livrent à des écarts qui nous
semblent incompréhensibles aujourd'hui. Partout
c'est le flottement, l'indécision... De l'éclec-

tisme on glisse doucement vers le scepticisme.

D'autre part, les royaumes s'écroulent, les limites du vieil empire sont enserrées par les Barbares, qui l'entament progressivement...

A quel cataclysme court donc le vieux monde?

Le troisième siècle était *en travail* du quatrième, et celui-ci peut nous répondre.

On allait au concile de Nicée et à Constantin : on allait à Basile, à Chrysostome, à Jérôme, à Augustin, c'est-à-dire à la grande époque de l'Église primitive, à l'âge d'or de la philosophie et de la littérature chrétiennes.

De même, quelques centaines d'années plus tard, les luttes ardentes et les fermentations religieuses du seizième siècle vont préparer la magistrale grandeur du dix-septième.

— Voilà beaucoup de théologie en une fois ! Nous sommes partis des légions romaines, nous voici à Bossuet : l'étape est longue. Mais pouvions-nous là-haut nous dispenser de philosopher un peu? Vous n'êtes pas sans avoir observé l'influence exercée sur l'esprit par les sommets élevés... et puis, au risque du passer pour *un songe creux*, j'estime que ces détentes de l'esprit finissent toujours par influer excellement sur les actions ordinaires de la vie, sur notre conduite, nos jugements, ce qui n'est pas un des côtés les moins pratiques des voyages. Et n'est-ce pas, en effet, une vraie détente que de pouvoir se dégager de temps en temps des préoccupations absorbantes de la vie quotidienne? Pour l'âme, comme pour le corps, l'air des hauteurs est sain et l'occasion de le respirer trop rare...

XII

LES EAUX DE PALMYRE.

En vérité, l'homme est ingrat! Nous avons parlé de Palmyre, de sa grandeur, de ses rois, de ses reines, de sa religion, de son art... Nous n'avons pas encore dit à quoi elle a dû tous ces honneurs!... Oh! à bien peu de chose... Si Pascal était venu jusqu'ici, il n'eut pas manqué d'ajouter au *grain de sable de Cromwell* et au *nez de Cléopâtre* cet exemple d'une petite cause engendrant de grands effets. Le petit filet d'eau qui sourd modestement d'une grotte, là-bas, au delà de la nécropole, et s'en va courant tranquillement, gaiement, à travers les palmiers et les ruines, pour mourir dans le sable, ne tire pas vanité de son importance. Cependant, il a vu bien des joies et bien des douleurs; mais lui ne change pas, ou bien peu. Il sera à la consommation des siècles ce qu'il était au commencement des temps. Ce qu'il y a de plus certain encore, c'est que, sans lui, Palmyre n'eût jamais existé! Vous en voyez d'ici les conséquences... pour les « philosophes » du château turc!

M. de Vogüé dit que, pour connaître toute la valeur bienfaisante de l'eau, il faut venir en Orient... Quand on a marché des journées entières dans le désert et que pendant plusieurs étapes, plusieurs semaines, l'œil ne s'est reposé que sur une terre aride, desséchée, brûlante, sans arbres, presque sans herbe, on éprouve à voir de l'eau et un palmier des jouissances inconnues en Europe! Il est très vrai que la satiété nuit à l'intensité comme à la durée du plaisir. Et la Normandie nous a gâtés! Je ne veux pas dire qu'il soit absolument nécessaire de mourir de soif et d'insolation pour apprécier les rives de l'Orne ou les bocages de la Vendée; mais, au retour d'un voyage en Syrie ou en Palestine, on sent mille fois plus le charme de notre verdure, de nos ombrages, de nos sources...

Si les sources de Palmyre furent bénies par nous après les rudes journées du Schól et de Kasr-el-Hair, vous pouvez en juger! J'en appelle à mon ami Hélie de Durfort : quelle volupté de se plonger, sous cette grotte mystérieuse, dans

cette eau limpide, légèrement chaude et sul-
fatée!... Car les eaux de Palmyre sont sulfu-
reuses. Elles eurent jadis une nymphe, comme
toute source qui se respecte. Et nous pouvions
passer, un instant, pour d'heureux satyres.

Au beau temps des Odenath, Jahribol, le dieu
du « principe humide », eut sous sa garde la fon-
taine sacrée. Un certain Bolanos en fut le prêtre
et le curateur. La source était bénie et on lui
attribuait d'excellentes influences médicinales.

— Je ne désespère pas, disait le *docteur*, de voir
avant de mourir quelque entreprise balnéaire se
fixer dans ce coin et l'exploiter. Pensez donc...
quelle attraction!... Des eaux thermales, et, à
proximité, des ruines! Vous voyez d'ici l'Hôtel
de Zénobie, les Thermes d'Aurélien, etc., etc.,
avec télégraphe, téléphone, *ficelle* pour le château turc et un *Damascus-Tadmor-Railway*. C'est
une idée superbe : il ne reste plus qu'à poser des
galons aux casquettes des gardiens!...

— Quant à vous, cher docteur, nous vous pro-
poserons comme médecin chef de l'établisse-
ment!

Ce ne serait que justice, à voir le succès de
notre ami. En effet, les indigènes, ayant appris
notre départ, venaient au-devant de nous, tou-

chaient nos vêtements et faisaient mille gestes pour exposer leurs maladies.

Le *Hakim* s'en tira bien. Sans offenser sa modestie, on peut dire que, pour un sourd-muet, il fut à hauteur des circonstances. Tous ces pauvres gens paraissaient ravis.

Pendant cette pantomime, d'autres Arabes se rangeaient le long du ruisseau et s'agenouillaient pieusement,... fidèles à leurs ablutions et à leurs prières.

Ce fut notre dernier coucher de soleil aux Ruines de Palmyre.

TROISIÈME PARTIE

DE PALMYRE A DAMAS

Damas, 22 mars.

Vous connaissez ce sentiment qui empoigne
l'âme après l'audition d'un bel opéra?... mélange
de déception et de satisfaction, tristesse et joie
mal définies, regret, enchantement,... c'est un
sentiment assurément très complexe, mais explicable. Sa cause? C'est l'antithèse fatale entre le
monde factice où l'on a vécu quelques heures et
le monde vrai, tangible, qui vient vous ressaisir;
c'est le rapprochement de deux choses qui, par
nature, s'éloignent : l'illusion et la réalité; sentiment anologue, quoique à un degré infiniment
moins intense, à ce que durent éprouver les saint
Paul et les sainte Thérèse après leurs visions
extatiques.

En quittant Palmyre, c'est-à-dire tout ce passé dans lequel nous avons fait nos efforts pour incarner notre esprit, notre jugement, nos pensées, cette impression revenait, plus vive, plus aiguë que jamais.

Il faisait une de ces nuits orientales, pures, claires, délicieuses, sereines, une de ces nuits qu'on n'oublie pas... Pas un nuage au ciel, pas une vapeur dans l'atmosphère, et, par un phénomène singulier, à l'occident, très loin, quelques éclairs,... image du calme d'ici et de l'agitation de là-bas.

Cette fois, notre esprit n'appartenait plus au passé, mais au présent et à l'avenir. Nous pensions aux nôtres, à nos parents, à nos amis, qui étaient « là-bas », sous l'orage. Je me rappellerai l'émotion de l'un de nous à parler de son père. « Ce sera le regret de ma vie, disait-il, « d'avoir compris si tard toute l'étendue de son « affection. Un fils a-t-il jamais payé de retour « les tendresses infinies de ses parents? » Hélas! la dernière bénédiction du vieillard tant aimé devait être refusée à son excellent fils...

Et nous retrouvions avec plaisir, sur la route de Damas, nos amis d'il y a huit jours, les Anazeh, le Père X..., le cheik de Quaryétein, la folle...

Le bruit de notre séjour dans le désert s'était répandu chez les Bédouins. Mansour, fidèle à la parole donnée, eut la peine d'écarter quelques pillards, armés de lances, qui étaient venus indiscrètement s'installer près de notre campement, à Kasr-el-Hair. D'autres malheureux, moins hardis, et uniquement vêtus de misérables peaux de gazelle, se présentaient, tendant la main. Quelques *paras*, quelques cigarettes avaient le don d'éclairer ces pauvres visages, à peine humains, en vérité.

A Djéroud, nous allions faire une nouvelle connaissance.

Les étapes étaient devenues pénibles; dans notre personnel, on sentait cette lassitude, ce relâchement des troupes fatiguées, qui leur font si vivement désirer l'arrivée au gîte.

Neuf heures du soir, et l'installation du camp n'était pas commencée! Sans être sybarite, on pouvait bien, surtout avec les sages lenteurs de nos gens, se préoccuper de l'heure possible du dîner et du repos!

Nous avions compté sans l'hospitalité de l'*aga* du village, sorte de chef militaire *in partibus* dont les fonctions semblent assez mal définies.

L'aga, qui est en même temps percepteur

d'impôts, est le plus riche propriétaire foncier du pays : il habite une superbe maison, absolument cachée aux regards par un haut mur de terre, à la mode orientale, avec un avant-goût d'installation européenne. Dans le *salon*, brillamment éclairé, presque somptueusement meublé, des fauteuils en acajou, une garniture de cheminée Louis XV, tout cela, naturellement, d'un goût faux et criard. Comprend-on ce luxe aux portes de Damas? Le faubourg Saint-Denis dans les *Mille et une nuits!*

L'aga fut, d'ailleurs, fort aimable, trop peut-être, puisque nous dûmes lui refuser deux ou trois chevaux de pur sang arabe qu'il eut la gracieuseté de nous offrir.

D'ailleurs, nous ne le remercierons jamais assez de son hospitalité large, bien comprise, point gênante et qui venait si à propos...

Enfin, le Djebel Tinich! Enfin Damas, c'est-à-dire l'eau, l'ombre, le repos. Il nous semblait que nous marchions vers Paris et que nous allions rentrer enfin dans le monde civilisé...

Oui, Damas est bien décidément le « Paradis du monde »!

ÉPILOGUE

Aux prémisses, il faut une conclusion.

De ce coup d'œil sur des ruines, de cette course à travers le désert et l'histoire, quel fruit retirerons-nous? A quoi peut servir l'étude d'un passé qui ne se rattache ni à notre civilisation, ni à nos idées, ni à nos mœurs?

Nous devons le dire à ceux qui ont eu le courage de poursuivre jusqu'ici, nous ne nous sommes nullement exagéré ni l'importance des hommes, des faits ou des choses observés, ni la portée de nos observations. Assurément, dans l'histoire universelle, c'est presque une banalité que la chute d'un empire, quoique les disparitions totales et définitives soient rares; et près des études très patientes, très fouillées qui ont pénétré le secret des moindres vestiges archéologiques, qu'est notre coup d'œil, qu'est notre course? Enfin, au grand détriment du récit, nous avons été contraint d'arrêter brusquement l'attention et de la faire dériver sur des événements qui semblaient n'avoir aucun rapport avec une course dans le désert. Mais, est-il possible de voir des ruines sans évoquer leur histoire, au moins superficiellement et à bâtons rompus, comme nous l'avons fait? Est-il possible de détacher les personnages du tableau où ils sont groupés et de les présenter comme ces statues qu'on a brutalement arrachées des compositions sculpturales du Parthénon? « Il ne suffit pas « de regarder devant ses yeux », dit Bossuet à son élève, « ... qui veut entendre les choses « humaines doit les reprendre de plus haut; et « il lui faut observer les inclinations et les « mœurs, ou, pour tout dire en un mot, le caractère tant des peuples dominants en général « que des peuples en particulier, et enfin de tous « les hommes extraordinaires qui, par l'importance du personnage qu'ils ont eu à faire dans « le monde, ont contribué, en bien ou en mal, « au changement des États... »

Nous avons donc été entraînés à élargir le cadre.

Comment Palmyre a pris naissance, comment

elle s'est agrandie et developpée, comment, arrivée au maximum de la puissance, elle a brusquement versé dans l'oubli, nous le savons, ou à peu près.

Les causes, on a pu les saisir au passage ou les deviner : excès de prospérité matérielle, ambition d'une femme, indécision et probablement incapacité chez les chefs militaires, exagération de l'éclectisme philosophique et religieux, abandon des anciennes voies commerciales, tout cela rentre dans le domaine ordinaire des décadences d'empires, tout cela est normal.

Ce qui peut l'être moins, c'est cette éternité de la mort à laquelle semble condamnée l'ancienne capitale du désert, un des tombeaux de cet immense cimetière qu'on appelle l'Orient.

La résurrection de Palmyre est-elle possible? Nous l'avons dit : elle est sur la voie de terre qui relie l'Europe aux Indes, donc rien n'est absolument improbable. Et la source qui a fait naître l'oasis peut bien la faire revivre. Mais cette question est loin de s'agiter. Elle dépend, d'ailleurs, d'une situation plus générale dont nous voulons dire un mot.

On l'a dit et répété : l'Orient est mort. Pour cette raison très simple, depuis des siècles, il ne bouge pas, et les mœurs d'il y a mille ans sont encore celles d'aujourd'hui : le néant est immobile.

Dans les villes aux noms sonores, qui résonnent dans l'histoire ancienne comme des fanfares de gloire, Antioche, Émèse, Hamath, Héliopolis, Byblos, Tyr, Sidon, sans parler des cités encore plus célèbres de l'Asie Mineure, la déchéance est complète. Il peut y avoir une certaine vie matérielle ; dans la cour des mosquées, dans les bazars, autour des échoppes de boutiquiers juifs, on trouve de l'agitation, des cris, du bruit. Quant à l'activité cérébrale, à la vie intellectuelle et artistique, à Antioche comme à Palmyre, comme partout, il semblerait qu'elles aient à jamais disparu ; et s'il existe trace d'un mouvement, si faible soit-il, d'une puissance ou d'une énergie, elle est généralement le fait du passage ou du séjour des Européens.

Cette observation n'est pas nouvelle, tout le monde la répète, et Dieu sait le nombre des voyageurs qui ont essayé d'expliquer le phénomène.

La cause en est-elle à l'énervement du climat? Depuis Montesquieu et Volney, on a beaucoup parlé de l'influence de la température sur le moral des peuples. Mais le climat a-t-il changé et la chaleur est-elle plus forte depuis les Assyriens, les Perses et les Mèdes? Le soleil était-il moins ardent en Égypte et en Palestine il y a quinze cents ans?

Nous avons commencé avec Volney ce voyage aux ruines de Palmyre, il voudra bien nous permettre de le terminer avec lui. D'ailleurs, en le quittant, — probablement pour toujours, car on ne relit pas deux fois d'aussi volumineux ouvrages, — nous lui devons, sinon une réparation, du moins un dédommagement : c'est le moment de lui faire oublier que nous avons été trop souvent « mauvais coucheur ». Précisément, l'occasion est excellente. Nous sommes heureux, cette fois, de nous ranger à son avis.

Étant donné que les peuples se fixent généralement dans les régions qui conviennent à leur tempérament, et que leurs aptitudes physiques subissent l'évolution réclamée par le climat sans nuire à l'activité morale, qui est une loi commune et universelle, nous croyons que les grandeurs et les décadences ne subiront que *relativement* les influences extérieures.

D'après Volney, tout repose sur les institutions

sociales qu'on appelle le *gouvernement* et la *reli-*
gion. Le passage suivant est à méditer. « C'est
« parce que leur influence, dit-il, agit malgré la
« différence des terrains et les climats que Tyr,
« Carthage, Alexandrie ont la même industrie
« que Londres, Paris, Amsterdam; que les fli-
« bustiers et les Malais ont eu l'inquiétude et le
« caractère des Normands, que les paysans
« russes et polonais ont l'apathie et l'insouciance
« des Indous et des nègres. . . . . . .
« Voilà pourquoi les Romains de Scipion ne sont
« point ceux de Tibère; que les Grecs d'Aristide
« et de Thémistocle ne sont pas ceux de Con-
« stantin. Consultons dans notre propre cœur les
« mobiles généraux du cœur humain. . . .
« Des besoins nécessaires ou superflus animent-
« ils en nous des désirs : aussitôt notre corps et
« notre esprit prennent une vie nouvelle; la pas-
« sion nous donne une activité ardente comme
« notre espoir. Cet espoir vient-il à manquer : le
« désir se fane, l'activité languit et le découra-
« gement nous mène à l'apathie et à l'indolence.
« Par là s'explique pourquoi notre activité varie
« comme nos conditions, comme notre situation
« dans la société, comme nos âges dans la vie;
« pourquoi tel homme, qui fut actif dans sa jeu-

« nesse, devient indolent sur le retour ; pour-
« quoi il y a plus d'activité dans les capitales et
« dans les villes de commerce que dans les villes
« sans commerce et dans les campagnes. . .

. . . .

. . . .

« Il faut le reconnaitre, le moral des peuples,
« comme celui des particuliers, dépend surtout
« de l'*état social* dans lequel ils vivent : puisqu'il
« est vrai que nos actions sont dirigées par les
« lois civiles et religieuses, puisque nos habi-
« tudes ne sont que la répétition de ces actions,
« puisque notre caractère n'est que la disposition
« à agir de telle manière en telle circonstance, il
« s'ensuit évidemment que *tout dépend du gou-*
« *vernement et de la religion ;* dans tous les faits
« dont j'ai voulu me rendre compte, j'ai toujours
« vu cette double cause plus ou moins immé-
« diate... »

Cette formule est celle de toutes les réflexions
que nous avons échangées pendant notre séjour
à travers les sables et les parchemins de Palmyre.
Il n'y a pas grande déduction à faire pour en
rendre pratiques certains corollaires. Nous n'hési-
tons pas, d'abord, à y voir la condamnation
absolue du système ottoman. Le despotisme, la

centralisation excessive peuvent réussir pour une conquête, pour une expédition, là où il ne faut à tous qu'un cerveau et un cœur, — et encore ne faut-il pas confondre le despotisme avec l'autorité intelligente du commandement, dont il est l'imitation maladroite, comme les figures de cire qu'on voit aux devantures de certaines boutiques sont la copie d'un visage animé et intelligent. — Pour le développement des facultés, pour l'épanouissement régulier de l'activité qui donne aux gens bien constitués l'aspect de la santé et de la vigueur, le despotisme réussit aux peuples comme la vie continuelle dans une cave réussirait aux nouveau-nés, il les rend rachitiques, souffreteux, languissants. L'Ottoman *vivote*, il ne vit pas.

Pour qui sait l'entendre, la formule de Volney rend également un arrêt contre toutes les divisions dont les nations européennes donnent trop souvent le spectale, là-bas, sur ce sol d'Orient, où elles cherchent à étendre leur influence. Pour dominer le peuple musulman, a-t-on dit, il faut non-seulement ne pas combattre sa religion, mais la répandre et se faire musulman soi-même. L'éclectique Volney n'était point de cet avis, et je tiens, pour finir, à rapprocher la page citée plus

haut d'une observation faite par M. Villemain en 1848, à propos d'une étude sur un orateur syrien du quatrième siècle, du nom d'Ephraïm : « Cette
« étude, disait-il, est pleine de choses dont s'oc-
« cupent aujourd'hui le politique et le rêveur,
« l'homme d'action et le solitaire, celui qui
« cherche des voies au commerce, un gage ou
« une apparence à l'équilibre des grands États,
« une solution pratique au problème d'Orient et
« celui qui, méditant sur la philosophie de l'his-
« toire, se demande si toute la dette des gouver-
« nements et tout l'avenir du monde n'est pas
« dans ces deux choses : *christianiser les Barbares,*
« *éclairer, élever, rapprocher les chrétiens.* »

Les Barbares, dit-on, sont irréductibles, soit. — Faut-il désespérer de l'union des chrétiens? Tel est le douloureux point d'interrogation qui se dresse à côté de toutes les ruines d'Orient. « Ce qui est dans les choses, a dit Victor Hugo, « en sort toujours par quelque côté »... *Sunt lacrimæ rerum!* . . . .

FIN.

TABLE DES MATIÈRES

TROISIÈME PARTIE

PARIS. TYP. DE E. PLON, NOURRIT ET Cⁱᵉ, RUE GARANCIÈRE, 8.

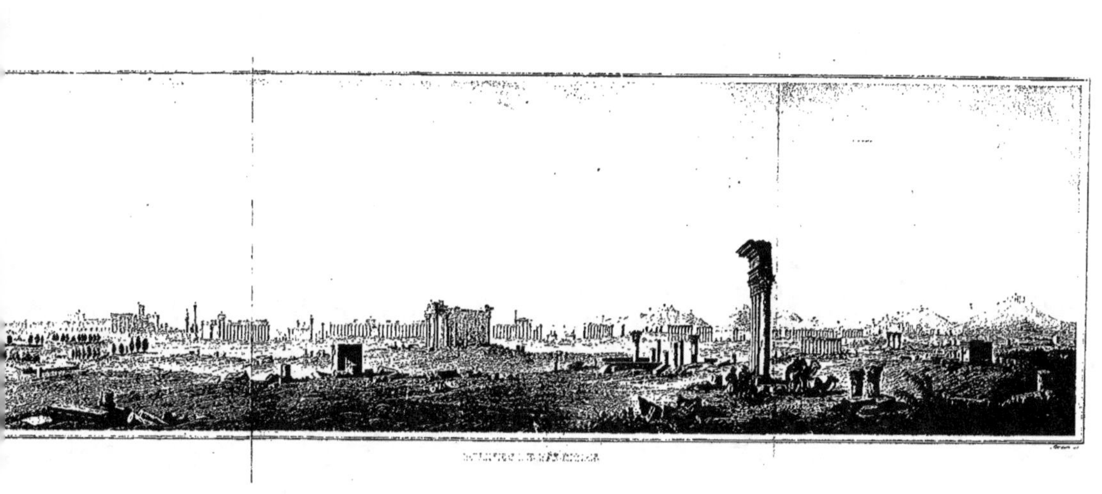